Katja Neumann

Ein schamanisches Lesebuch

Katja Neumann

Ein schamanisches Lesebuch

Überleben im Großstadtdschungel

Trainerverlag

Imprint
Any brand names and product names mentioned in this book are subject to trademark, brand or patent protection and are trademarks or registered trademarks of their respective holders. The use of brand names, product names, common names, trade names, product descriptions etc. even without a particular marking in this work is in no way to be construed to mean that such names may be regarded as unrestricted in respect of trademark and brand protection legislation and could thus be used by anyone.

Cover image: www.ingimage.com

Publisher:
Der Trainerverlag
is a trademark of
Dodo Books Indian Ocean Ltd., member of the OmniScriptum S.R.L Publishing group
str. A.Russo 15, of. 61, Chisinau-2068, Republic of Moldova Europe
Printed at: see last page
ISBN: 978-620-2-49433-5

Ein schamanisches Lesebuch

Überleben im Großstadtdschungel

Katja Neumann

Inhalt | Seite

Intro

Der gefesselte Schamane

Während meines schamanischen Ausbildungsprogramms gab es eine Übung, an die sich alle Teilnehmer mit Faszination, Dankbarkeit und ein bisschen Grauen erinnern: Nach längeren Vorbereitungen praktischer, ritueller und seelischer Natur wurden wir gefesselt bzw. wir haben uns selbst gegenseitig gefesselt: kniend, die Hände hinter dem Rücken und die Füße extra verschnürt und, als ob das nicht reichen würde, mit einer Decke über den Körper nochmals geschnürt wie ein Päckchen.
Da knieten wir dann, wir Gefesselten im Stockdunkeln, während die anderen „Glücklichen", die sich ihrer Hände noch bedienen konnten, getrommelt haben, als gäbe es keinen Morgen danach. Und tatsächlich: Nichts als unsere anfangs panischen, später inständigen Gebete, unsere Demut und die Bereitschaft zu leiden, hat uns ohne menschliche Hilfe die Knoten gelöst und das Seil heruntergleiten lassen. Von Geister Hand - im wahrsten Sinne des Wortes. Wahrhaftig. Ich war ja dabei. Ich habe sie gespürt und ich habe sie gesehen, mit aufgerissenen Augen ins Schwarze starrend – und es war stockdunkel - waren sie überall um uns herum. Wesenheiten, nicht greifbar, aber so dicht, dass man die Luft hätte schneiden können. Manche haben ihren Atem gespürt, andere den Luftzug im Genick, mir haben sie ins Gesicht gelacht. Es war der Moment, in dem ich Wunder einen festen Platz in meinem Leben eingeräumt habe, der mich demütig und mutig gemacht hat in meiner Arbeit. Selbst wenn es eine „normale" oder wissenschaftliche Erklärung dafür geben würde, wollte ich sie nicht hören. Ich fand dieses Gefühl von Ohnmacht, keine Wahl zu haben, vielleicht auch die

Qualen des Egos bei der Vorstellung, das Licht im Raum geht an - und ich bin die Einzige, die nicht entfesselt wurde... Wie furchtbar! Hätte ich versagt? Würde das die guten von den schlechten Schamanen trennen wie Spreu vom Weizen? Nein, natürlich nicht! Aber auch das schoss mir in den ersten gefesselten Sekunden und auch schon vorher, während der endlosen Momente des Gefesselt Werdens - alleine das ist schon ein Ritual und eine Erfahrung wert - durch den Kopf. Essentielle Urängste werden wachgerüttelt in diesem ausgelieferten Zustand. Wie oft sind wir in unseren Gastspielen hier auf Erden wohl schon gefesselt worden und es ging nicht gut für uns aus. Alle diese Informationen sind in unseren Zellen abgespeichert und werden durch diese Ausnahmesituation wachgerüttelt.

Diese Herausforderung anzunehmen, noch mal „light" durch diese jahrhundertealten Themen durchzugehen, mit allen Konsequenzen und möglichen Folgen und das Erstaunen, dass wir nichts zu verlieren, aber alles zu gewinnen haben, gleicht einem Initiierungs-Prozess oder ist vielleicht auch einer. Die Seele erklimmt mit Sicherheit eine nächste Wachstumsstufe. Man ist hinterher immer noch der gleiche Mensch und man ist es doch nicht - sondern größer, weiter, weicher und dankbarer. Nur das Ego, das schrumpft. Was für ein großartiges Gefühl! Auf einmal scheint alles möglich. Die Dankbarkeit dafür umgab uns mehrere Wochen und viele Außenstehende haben gesagt: „Du siehst so anders aus! Was ist passiert? - Und: Kann ich das auch haben?" Warum macht man so was?

Es ist ein sehr alter Brauch und Weg der Schamanen seit Jahrhunderten, durch das Leid, das sie auf sich nehmen, die Geister - oder sagen wir der Klarheit halber - die mitfühlenden Spirits milde zu stimmen und sie dazu zu bewegen, Heilung zu unterstützen bzw. Blockaden, Flüche, Besetzungen usw. zu lösen. Schon aus ihrer Sicht standen hinter einer physischen Erkrankung größere Zusammenhänge. Unser Vorteil zu früher ist vielleicht, dass die Opfer, die wir bringen, keine lebenden Wesen sein müssen. Wir machen uns nicht mehr abhängig von der Angst, die wir vor der Macht und der Wut der Götter haben, weil wir uns wieder daran erinnern, dass wir es selber sind. Wir sind die Götter unserer kleinen Welten und wir haben die Macht. Was wir opfern ist die Angst, klein zu sein, ungenügend und nichts tun zu können. Die Spirits honorieren die Arbeit umso mehr, je mehr Ego und Eigennutz wir „opfern". Anders gesagt: Wenn ich für andere arbeite, schamanisch reise, ist es weit intensiver und wirkungsvoller, als wenn ich es (nur) für mich selbst tue. Das Seil liegt bis heute in meiner Praxis im Regal, meist unsichtbar für den Besucher, oft auch für mich.

Aber manchmal fällt mein Blick wie gelenkt darauf und erinnert mich an dieses Gefühl von Demut, Leid und Leidenschaft zugleich und von ... Wunder.

Versuche nicht, alles zu erklären.

Großstadtschamanin mit Wenn und Aber

Vorwort

Mein Name ist Katja Neumann, ich bin im August 1972 in der Nähe von Stuttgart geboren worden, acht Wochen zu früh, da meinen Eltern jemand hinten drauf gefahren ist. Acht Wochen im Brutkasten, acht erste Wochen ohne elterliche Liebe und in Isolationshaft, denn war das damals einfach so und ich denke, ich hatte die Wahl zu gehen. Dass das ein erstes Nahtoderlebnis war, habe ich erst viel später begriffen. Und das war nur der Anfang der Misere oder des Fortgeschrittenenprogramms, wie ich es heute liebevoll nenne, aber ich hatte mindestens einen Engel an meiner Seite und es war auch der Anfang vom diesem Jetzt.

Jetzt bin ich Heilpraktikerin in Berlin mit langjähriger schamanischer Ausbildung und ebenso langer Praxis, einem langen Leidens- nein - Lernweg, nie ganz kompatibel mit dem „normalen" Leben, hoch empathisch mit Natur und Tieren und Menschen - nur nicht in Massen und im Verblödungsmodus. Es ist mir wichtig, nicht zu missionieren, ich halte immer noch oft meine Klappe, auch wenn ich sehe, was Mensch in seinen Einkaufswagen oder in sich selbst reintut. Nicht verstehen kann ich, wie man Tiere oder deren Produkte, gequält und diskriminiert, sicher nicht wertschätzend, freiwillig konsumieren kann. Wenn man sich noch dazu bewusst ist, was die Todesangst-Energie mit einem macht, die man jedes Mal aufnimmt. Und gleichzeitig abertausende Euro für sein überzüchtetes Haustier zum Tierarzt trägt. Und ich denke, ich darf das sagen, denn Du würdest das Buch nicht lesen, wenn Du nicht wo anders wärst. Oder?

Und da ich meine Klienten auch duze, tue ich das hier auch. Ich finde, wir haben in dieser Welt schon viel zu viel Distanz und Gleichgültigkeit. Manche Menschen fühlen sich aufgrund ihrer Geschichte sicherer mit etwas mehr Distanz, dafür haben sie gute Gründe. Ansonsten gilt, Höheres Selbst und Unterbewusstsein kennen kein „Sie". Deswegen findet auch jede Hypnose in der DU-Form statt, machen wir es uns doch einfach einfach.

Dieses Buch muss keineswegs von vorne nach hinten durchgelesen werden. Es ist sogar eine Aufforderung dazu, dass Du es so liest, wie Dir gerade ist. Schlag z.B. einfach auf und lese eine Seite als Botschaft für Deinen Tag. Oder so.

Kleines oberschlaues Statement (Einführung)

Jeder darf so lange dumm bleiben wie er möchte, sagt meine Heilpraktikerin Uta immer, und dieser Satz hat mich viele Male gerettet, wenn ich mal wieder an der Welt verzweifelt bin, im Großen wie im Kleinen. Wir können so viel bewegen und verändern und es geht mir meist zu langsam und es findet noch zu viel Zerstörung und Vergeudung statt. Wir vergeuden oft unser Leben, weil wir es nicht leben, weil wir unsere Komfort-Zone so sehr lieben. Ich habe gelernt, meistens, also oft, oder manchmal auch wieder nicht, den Fokus auf das, was gut ist, zu richten. Es nützt niemandem, Schuldzuweisung zu betreiben oder sich auf die Tragödien in der Welt zu fokussieren. Es gibt kein Falsch im Universum. Und keine Schuld. Dies ist ein Lernplanet, ein sehr lebendiger. Und wir sollte ihn schützen, anstatt nach Lebensmöglichkeiten auf dem Mars oder sonst wo zu suchen. Wir könnten das. Das heißt, es geht nicht um weggucken oder realitätsfern oder gleichgültig zu sein. Es gibt drei Lieblingsworte in meinem Leben: Verantwortung. Demut. Dankbarkeit. Den Heilern, Schamanen, Ureinwohnern überall auf der Welt, war das selbstverständlich. Und wo sind wir? Wo bist Du gerade?

Schau Dich um. Warst Du heute schon dankbar? Demütig? Hast Du die Verantwortung übernommen? Als Du die Waschmaschine angemacht hast? Dein Essen gekauft hast? Den Abwasch gemacht hast? Wieviel Müll hast Du produziert? Kannst Du den Weichspüler verantworten? Die Pestizide im Essen Deiner Kinder? Das Billigfleisch auf dem Grill? Nein, das ist KEIN Missionierungskapitel, nur eine Frage, wie ehrlich Du bist mit Dir selbst. Das ist MODERNER Schamanismus. In unserem Alltag vergessen wir so oft, was wir haben - erst wenn uns die Gesundheit abhandenkommt oder der Erfolg oder anderes, wissen wir auf einmal zu schätzen, wie gut es vorher war. Erst wenn wir uns in den Finger schneiden, merken wir wie selbstverständlich und unaufmerksam wir unsere Hände benutzen und wie wichtig jeder einzelne Finger für Kleinigkeiten ist. Ich will nur ein bisschen provozieren, ein klein wenig deutlich machen, wie WICHTIG diese winzigen Gesten jeden Tag sind. Es ist etwas, das mich umtreibt, weil ich so sehr überzeugt bin davon, dass wir machtvoll sind und verändern können, jeder einzelne, wenn wir nicht tun, was alle tun. Wenn wir überlegen, was wir tun, was es für Folgen hat und dass wir immer ein bisschen konsequenter sein können. Es geht nicht darum, alles richtig zu machen- nur jeder ein bisschen besser. Und in unserer heutigen Zeit beginnt auch jeder kleine Schamane unter uns einfach mal mit der Umwelt.

1,98 Milliarden Euro wurden 2018 für Arten- und Umweltschutz ausgegeben. Klingt viel? Okay: 38,5 Milliarden wurden für Rüstung und Verteidigung ausgegeben. So ist dies ein höchst persönliches und schamanisches Buch! Denn Schamane/ Schamanin/ schamanisch unterwegs sein bedeutet, MIT der Natur verbunden, 100%, nicht nur zwischen 10 und 18 Uhr, sondern **IMMER**. Mit jedem Atemzug, es ist unsere Mutter Erde, unser Zuhause, es ist der Ast, den wir sprichwörtlich absägen.

So, wo ist jetzt das Buch über Schamanismus? HIER.

Wir sind schon mittendrin. Schamanismus hat nichts damit zu tun, sich eine Feder ins Haar zu stecken und ein bisschen zu trommeln, sich tolle Namen zu geben- „die, die mit der Wolke schwebt", „der, der mit dem Wolf heult"... Ehrlich? Das ist nur ein FETTES Ego. Macht Euch das zu einem Schamanen? Nein. Eher nicht.

Es beginnt mit der Liebe zu Mutter Erde, geht weiter mit der Achtung vor allem was lebt, dazu gehören selbstredend auch Wasser, Pflanzen und Steine und hört noch lange nicht auf bei Ahnen, Geistern und Göttern - gerne (helfende) Spirits genannt - um sie von den nicht so freundlichen Wesenheiten, die es in der schamanischen Welt natürlich genauso gibt, zu unterscheiden. Und geht weiter mit den Schatten - ändern können wir immer nur die eigenen.

Ich habe immer damit gehadert und tue es bis heute, mich *Schamanin* zu nennen. Nicht, weil es nicht stimmt oder, weil ich nicht mit jeder Faser überzeugt bin von dem, was ich tue, sondern weil ich Schlagworte und Schubladen nicht mag. Weil es das Ego füttert. Wir sind heutzutage so schnell, uns irgendwie zu nennen, alle sind Heiler, Schamanen, Coaches etc., es ist kaum zu überprüfen, wie ernsthaft jemand das wirklich gelernt hat. Der Heilpraktiker für Psychotherapie boomt z.B. wie verrückt - den zu machen ist auch nicht halb so anstrengend wie den „großen", für den Laien aber kaum zu überblicken, wo der Unterschied liegt und wieviel weniger Basiswissen abgefragt wird. Natürlich gibt es tolle HP psych. - so die Abkürzung - es gibt auch tolle „Schamanen", die nur ein Wochenendseminar in Schamanismus besucht haben. Aber leider gibt es auch die vielen anderen, die wie bei den Hundebesitzern, die die anderen mit reinziehen - obwohl sie immer (Kack)Tüten dabeihaben, wenn Du verstehst, was ich meine. Meine Kacktüten für meinen Hund waren immer aus abbaubarer Maisstärke, weil Plastik auch ein großes Thema ist. Will damit sagen, es hat ganz viel mit innerer Haltung, mit 100% dabei sein, mit Verantwortung und Demut zu tun. Die besten Schauspieler sind meist die, die still in der Ecke sitzen und gar nicht erzählen, was sie eigentlich so tun beruflich. Die die laut rumschnattern, sind meist die Jungen, die „B-Besetzung“, die noch betonen müssen, wie wichtig sie sind, vielleicht weil sie sie sonst selbst in der Stille Zweifel daran hätten. Und so ist es überall in jeder Branche. Ich zähle mich also zu den „Guten“ und meine trotzdem, ein lautes freches Buch schreiben zu müssen? Fragst Du jetzt.

Ja.

Ein Rabbi hat mal zu meiner Mutter gesagt, als sie mal wieder alles hinschmeißen wollte – sie ist auch Heilpraktikerin und eine der großartigsten Homöopathinnen, die ich kenne: „Wer meinst du, dass du bist, dein Wissen nicht mit der Welt teilen zu müssen?“ Darüber habe ich sehr viel nachgedacht. Ich weiß nicht viel. Von vielem habe ich gleich gar keine Ahnung und je älter ich werde, um so demütiger werde ich, ob der Berge an Unwissen, Fragen, ungelesenen Büchern usw., die sich immer wieder und immer größer auftun - trotz oder gerade wegen allem angehäuften Wissen und Erfahrungen.

Es hört nie auf, auch mit den seelischen Baustellen nicht und ich glaube, dass ist gerade das, was die Menschen, die der „Zufall“ zu mir geführt hat, an mir mögen und schätzen. Ich inspiriere gern und gebe Denkvorlagen, aber ich mache nicht alles richtig, ich habe die Erleuchtung nicht mit Löffeln gefressen und ich tue auch nicht so. Ich nehme sogar gern meine eigenen „auf die Nase gefallen“- Geschichten, einfach weil ich da das Copyright habe und niemandem auf die Füße trete. Und ich habe gelernt, mich trotzdem „Schamanin“ zu nennen, weil die Google Suchmaschine es verdammt noch mal so will und weil es einfach mal das ist, was ich kann und anbiete. So ist das also eine Erzählung wahrer Geschichten und Bedienungsanleitungen, sofern sie für Dich - auf Herz und Nieren geprüft - sich im Bauch stimmig anfühlen. Keine Wahrheit passt für jeden.

Was ist denn Schamanismus? Erste Erklärungen

Ich bin in diesem Leben keine Ureinwohnerin und keine Ethnologin, ich habe auch nicht wie einer meiner Lehrer Michael Harner jahrelang bei Schamanen gelebt und von ihnen gelernt. Daher maße ich mir nicht an, Schamanismus komplett korrekt und vollständig erklären zu können und zu wollen. Da empfehle ich Dir lieber ein paar gute Fachbücher, die schon lange geschrieben sind. Aber ein bisschen Erklärung, um Dich mitzunehmen, um ein paar Grundinformationen in meinen Worten und nach meinem Verständnis zu geben, finde ich trotzdem wichtig. Wenn Du schon alles darüber wüsstest, würdest Du das Buch vermutlich nicht lesen... und ich hoffe, Du nimmst ganz viel mit. Impulse, Anregungen, neue Standpunkte und Sichtweisen, Lust auf Erfahrungen – denn letztendlich verankern wir alles in uns durch Erfahren und Er- Leben.

Schamanismus ist ein ziemlich hippes Schlagwort geworden und lässt sich doch nicht in drei Sätzen erklären. Es ist eine der ältesten Heilweisen neben den asiatischen wie die traditionelle chinesische Medizin. Da es das vor sehr langer Zeit überall auf der Erde gab, auch in Europa, bevor wir hier sehr früh christianisiert wurden, ist es also nichts „von ganz weit weg" und exotisch. Überall auf der Welt haben Ureinwohner verschiede Formen des Schamanismus gekannt und betrieben. Dass wir es den Indianern in Nord- oder Südamerika zuschreiben, den Afrikanern oder vielleicht noch den Aborigines, liegt vor allem daran, dass es sie noch (gerade noch so) gibt und ihre Heilweisen überlebt haben, während wir uns immer mehr der Schulmedizin und der Entfremdung und Zerstörung der Natur zugewandt haben. Schulmedizin ist an vielen Stellen lebensrettend, aber trotz seines jungen Daseins von gut hundert Jahren etwas ignorant uralter bewährter Heilweisen gegenüber, die - wie der Schamanismus - seit ungefähr 40-50 000 Jahre existieren. So steht es geschrieben, ich vermute, es ist älter. So wie es vor uns und anderswo viele hochintelligente Kulturen und Planeten gab und gibt.

Viele der heutigen ganzheitlichen Therapien sind aus dem alten Wissen entstanden bzw. vieles, was heute hip ist, ist oft abgewandelte, umbenannte oder an die alten Heilweisen angewandte Techniken. Nichts wurde wirklich neu erfunden. Es war alles schon immer da. Deswegen kann auch kein einziges Buch wirklich neu geschrieben oder eine Heilweise komplett neu erfunden werden.

Je nach Kontinent, äußeren Begebenheiten etc. unterscheiden sich die Techniken und Heilweisen der Schamanen enorm, aber unter dem Strich geht es immer um Heilung von Körper Geist und Seele. In Umgebungen wie dem Amazonas mit seiner reichen Pflanzen-Apotheke greifen die Menschen, die seit Jahrhunderten mit der Natur und von ihr leben, natürlich darauf zurück und wussten(wissen), was zur Heilung, zur Linderung von Schmerzen, zur Verhütung und zur Visionsfindung eingenommen werden kann.

In Sibirien herrscht ein ganz anderes Klima. Durch die Kälte wesentlich karger, schuf es ganz andere Bedingungen und hat damit auch andere Techniken und Möglichkeiten hervorgebracht. So ist dort die Rahmentrommel ein wichtiges Werkzeug für Trance und Antwortfindung.

Was alle gemeinsam haben

Überall auf der Welt sind Schamanen davon überzeugt oder besser, wissen darum, dass wir umgeben sind von helfenden Wesenheiten. Alles ist beseelt und viele stehen, wenn wir in einer guten Beziehung mit ihnen leben und sie mit Respekt behandeln, uns helfend zur Seite: Ahnen, Pflanzengeister, Krafttiere, Lehrer, der Geist der Elemente, des Universums und der Sterne/Planeten, Mutter Erde und Vater Sonne. Für einen Schamanen ist das wirklich keine Frage des Glaubens so wie wir eventuell vielleicht an Gott glauben oder an Engel (und ich glaube fest an beides), sondern es ist so selbstverständlich wie die Luft zum Atmen, die wir ja auch nicht sehen, aber unbedingt brauchen. Wir brauchen all das, was uns umgibt, auch wenn wir es nicht sehen und die Wissenschaft negiert es vielleicht, aber wir sind eine Symbiose aus Biologie und Energie. Für mich ist die Vorstellung, dass da noch viel mehr ist, wesentlich leichter als so zu tun, als würde es das nicht geben. Allein wenn man ganz wissenschaftlich die Frequenzbereiche nimmt, in denen wir sehen oder hören und in denen Tiere wie Eulen, Fledermäuse etc. unterwegs sind, beweisen, dass wir *ziemlich* viel nicht mitbekommen. Wenn wir dann noch die Aussagen der Quantenphysik dazu nehmen, dass es weit mehr als unsere drei Dimensionen gibt, mindestens 12 nachgewiesene, in denen wir uns in unserem Alltag bewegen, könnte das vielleicht auch noch mal zum Denken anregen.

Ich war vor vielen Jahren mal bei einer Veranstaltung in Hamburg, bei der auch der Quantenphysiker Gregg Braden gesprochen hat. Er hat viel gesagt, aber es war ein kleines Beispiel, das mich sehr beeindruckte und das ich bis heute immer mal wieder auch in meinen Workshops erzähle. Er sprach von einem Experiment mit sehr jungen Katzen: Die eine Gruppe wurde in einen Raum mit Querstreifen gesetzt, die andere in einen Raum mit Längsstreifen. Irgendwann setzte man die Katzengruppe aus dem quergestreiften Raum, in den Raum mit den Längstreifen. Sie sind überall dagegen gelaufen, weil sie die Längsstreifen nicht sehen konnten.

Sind wir nicht genauso konditioniert? Hast Du eine Ahnung, was Du vermutlich alles NICHT siehst? Hast Du es je in Betracht gezogen? Und wie fühlt sich das an? Aufregend oder eher beunruhigend?

Es heißt, die Indigenen konnten Kolumbus mit seinen Schiffen damals nicht kommen sehen, als er auf Amerika zu segelte, sie hatten dafür keine Wahrnehmung, sie hatte noch nie ein Schiff gesehen, also hat ihr Hirn diese Information auch nicht gesendet. Erst als sie direkt vor ihnen standen, haben sie sie bemerkt.

Die sogenannte nichtalltägliche Wirklichkeit, wie der Schamane diese nicht sichtbare Welt nennt, zu der genau genommen unsere Seele auch zählt, da wir sie nicht sehen können und in ihrer Größe weder beweisen noch ermessen können, ist keine Frage des Glaubens, sondern einfach eine Erweiterung unserer kleinen ignoranten Horizonte voller Grenzen und Schubladen. Um eine Ahnung davon zu bekommen und sie sehen zu lernen, müssen wir unsere Scheuklappen aufmachen, entspannen, unsere Schwingung erhöhen und weit werden. Und damit sind wir dann endlich auch bei den sogenannten Trancezuständen angekommen, in die sich Schamanen bringen und womit auch ich in meiner Praxis arbeite.

Zufälle, was einem so zu fällt

mein Lieblingswort und eine erste Geschichte

Eines Tages rief mich ein junger Mann an, der mir erzählte, er habe nachts im Traum ein Gesicht gesehen. Als er am nächsten Morgen ein kleines esoterisches Magazin aufschlug, fand er dieses Gesicht wieder: Es war das Foto meiner Anzeige, die ich dort geschaltet hatte... Jetzt wollte er so bald wie möglich einen Termin haben – fest davon überzeugt, dass ich ihm helfen könnte. Er wusste kaum, wie ich arbeite und es war ihm auch egal. Vielmehr überzeugte ihn die Tatsache, dass jemand abgesagt hatte und ich ihm somit den Wunsch nach einem zeitnahen Termin erfüllen konnte anstatt der sonst üblichen Wartezeit von ein paar Wochen. Zufall?

Schamanische Reisen

In meiner Praxis habe ich jedn Tag mit ähnlichen Situationen zu tun. Ich mache schamanische Reisen für andere Menschen, die Hilfe und Unterstützung brauchen, denen etwas fehlt, Seelenanteile z.B. und/oder ich bringe ihnen das "Selber Schamanisch Reisen" bei. Oder sagen wir, ich helfe ihnen dabei, sich zu erinnern, dass sie es können. Jeder kann das und meiner Meinung nach brauchen wir einen spirituellen Kontakt – egal, mit welcher der unzähligen Möglichkeiten man auch immer arbeitet – genauso wie Essen und Trinken als Nahrung für die Seele.

Wenn man sich auf eine schamanische Reise begibt, geht man in den sogenannten Alpha-Zustand und macht eine Art Innenschau. Das Einzige, was einen leitet, sind die eigenen inneren Bilder oder die Intuition und das ist meist wahrer als das, was wir um uns in der alltäglichen „Wirklichkeit“ sehen. Als erwachsene Menschen tun wir uns meist schwer, darauf zu vertrauen, nachdem wir doch mehr oder weniger das ganze Leben dafür gebraucht haben, „vernünftig“ zu werden und uns dem Schicksal zu „fügen“. Aber ist es nicht schön, etwas aus „dem Bauch heraus“ zu entscheiden oder auch seine Welt selbst zu gestalten? Und stehen nicht die Geschehnisse, die uns anschließend in der alltäglichen Wirklichkeit widerfahren, in unmittelbarem Zusammenhang mit dem, was wir in unserer Fantasie geschaffen und programmiert haben und sind eben kein Zufall?

Der Zufall

Es ist doch erstaunlich, wie hartnäckig dieses Wort im täglichen Sprachgebrauch benutzt wird, wenn Zusammenhänge nicht erkannt werden. Wir werten sie als Launen des Schicksals ab und sehen nicht die wertvollen Winks "mit dem Zaunpfahl", die uns leiten könnten, weil wir uns selbst die Macht absprechen, unser Leben und unser Glück gestalten zu können. Es soll Menschen geben, die glauben wirklich an die Zufälligkeit des Zufalls. Ich vergesse das manchmal...

Typische Jeden Tag Beispiele

Eine Klientin, die sich anfangs nur bedingt auf die schamanische Arbeit einlassen konnte, zweifelte, dass der Falke, den ich für sie auf der Reise gesehen hatte, ihr Krafttier sein könne. Zehn Minuten nachdem sie gegangen war, rief sie mich aufgeregt an und erzählte mir, dass vor ihr auf dem Bürgersteig ein Mann mit einer amerikanischen Baseball-Jacke liefe, die auf dem Rücken einen Falken-Kopf zeigte und auch im darunter stehenden Team-Namen kam der Falke vor. Das war dann sogar auch für sie "Beweis" genug und ich war froh, dass sie überhaupt so wachsam gewesen war. Lernen, die Zeichen zu sehen, ist eine Kunst und tägliche Übung.

Oder ein befreundeter Heilpraktiker, der eine gute Arbeit in bester Absicht und mit offensichtlichen Heilungserfolgen machte, saß versteckt in seiner Ein-Zimmer-Wohnung im Hinterhaus, die auch gleichzeitig sein Behandlungszimmer war - natürlich ganz inoffiziell - und kaum jemand fand überhaupt den Weg zu ihm. Es gab kein Praxis-Schild und keinen Hinweis, dass man auf ihn aufmerksam hätte werden können. Durch diese so genannten Zufälle, weil ich jemanden kannte, der jemanden kannte, wurde ihm ein kleiner, bezahlbarer Raum in einer Gemeinschaftspraxis angeboten, den er vor lauter Sorge, es sich nicht leisten zu können, fast noch abgelehnt hätte. Das sind so typische Verhinderungsprogramme, mit denen wir uns das Leben schwer machen, wenn wir nicht daran glauben, etwas schaffen zu können oder es nicht verdient zu haben. Zum Glück ist er nicht darauf reingefallen und durch den Umzug aus dem Hinterhof in eine gut gehende Praxis hat er reell und energetisch signalisiert, dass er den Menschen etwas zu bieten hat und dass er gefunden werden will. Er hat sich nicht mehr versteckt.

Ich weiß, dass die Menschen, die mich und meine Arbeit brauchen, auch den Weg zu mir finden: Sie fallen mir zu oder ich ihnen. Da ist es auch egal, ob es in der Straße noch fünf weitere Heilpraktiker gibt, denn die ziehen ganz andere Menschen auch mit ganz anderen Themen an – aber man sollte natürlich gefunden werden wollen.

Natürlich gibt es Tage, da geht es nicht gut. Wenn alte Themen und Ängste hochkochen, ich an mir zweifle oder eine Sinnkrise habe. Dann bleibt das Telefon stumm. Kein Mensch ruft mehr an – als würden sie es "riechen". Es teilt sich mit und ich bekomme die Pause, die ich brauche, um die Dinge zu klären. Anstatt dankbar zu sein, setzte früher automatisch Panik und Existenzangst ein und das lähmte erst recht die Sinne. Das Universum hat es schon nicht leicht mit uns. Winkt da mit dem Zaunpfahl und wir stehen auf allen Bremsen und

Schläuchen. Inzwischen kann ich mich da hinein entspannen, nach all den Jahren, in denen meine schlimmsten Erwartungen NIE eingetreten sind und es immer weiterging und mir hinterher immer klar war, worum es ging und wofür es gut war. Und kaum entspanne ich mich in des JETZT hinein, fallen mir die Dinge wieder zu...

Schamanische Reisen wie es rein theoretisch funktioniert

Darüber wurden schon sehr viele Bücher geschrieben. Trotzdem tue ich es hier auch, da ich nicht davon ausgehen kann, dass Du die alle gelesen hast. Wenn doch, kannst Du es überspringen oder überfliegen.

Schamanisches Reisen ist meine Passion, da es meinem Hobby des Tagträumens sehr nahekommt. In meiner Kindheit hat es mich gerettet und durch meine langjährige Praxis weiß ich inzwischen, wie viele Gleichgesinnte es gibt. Dieses „Wegbeamen" in andere Wirklichkeiten hat vielen geholfen, die Grobstofflichkeit, Lieblosigkeit und gefühlte Unerträglichkeit dieser Welt zu überleben. Menschen, die dazu neigen, fällt das oft leichter, als verkopften analytischen Menschen. Das ist keine Bewertung, nur ein Hinweis, nicht gleich zu verzweifeln, wenn dem so ist. Jeder hat seine Gaben und eine gewisse Feinstofflichkeit oder Hochsensibilität, wie die Psychologie es betitelt, ist hier für den Anfang und die ersten Erfolgserlebnisse von Vorteil. Die Klienten, die bei mir landen, weil sie sich speziell für diese Art der Arbeit interessieren, sind durchweg hochsensibel. Und da das Thema immer mehr Raum greift, hat auch das Praktizieren des schamanischen Reisens einen wahren Boom erlebt und tut es noch.

In der Urform werden schamanische Reisen nicht verbal angeleitet. Niemand steht also vorne und sagt z.B.: „...und jetzt stellt Euch vor, Ihr geht auf eine grüne Wiese und da steht ein Baum etc...", denn dies entspricht nicht dem ursprünglichen Sinn des Reisens: Zu lernen, der eigenen inneren Stimme wieder zu folgen. Wenn ich das täte, würdest Du ja maximal *meiner* Stimme folgen. Das ist auch entspannend, aber nicht Sinn der Sache. D.h., es gibt eine theoretische Einweisung, Gedanken Geländer vorneweg und dann machst Du Deine eigene Reise, um Deine eigenen inneren Bilder anzusehen und Deine nichtalltägliche Wirklichkeit kennenzulernen.

Und hier das Geländer/die Anleitung: Um in die nichtalltägliche Wirklichkeit zu gelangen, wie der Schamane den unsichtbaren Raum außerhalb unserer (sichtbaren) Realität nennt, begibt man sich am besten in einen leichten Trancezustand. In unserem Falle begleitet durch monotones Trommeln einer Rahmentrommel. Es eigenen sich dafür auch natürlich moderne Medien, wie MP3 Player, YouTube etc. So sehr ich meine Trommel liebe, so empfehle ich doch nicht, in den Anfängen gleich loszulaufen, sich ein Schamanentrommel zu kaufen und sich selbst trommelnd zu begleiten. Da das Reisen etwas Übung erfordert, solltest Du Dich darauf konzentrieren bzw. reinentspannen können. Also lege Dich hin, sitzen ist auch okay, decke vielleicht Deine Augen ab und atme ein paar Mal tief ein und den Stress des Alltags aus. Lass los. Wie bei der Meditation empfiehlt sich, alle Störquellen zu vermeiden, Handy aus, Türen und Fenster zu, im Zweifelsfall ein Schild an die Tür „bitte nicht stören", damit Partner und Kinder einfach mal draußen bleiben. Ich habe eine Ecke mit einem kleinen Altar, auf dem Dinge stehen, die ich mag, wie Federn, Pflanzen Essenzen, Kristalle etc. Außerdem räuchere ich gern vorher, weil es die Sinne entspannt und klärt. Hauptsache Dir gefällt es und es stimmt Dich ein. Schalte die Trommelsequenz ein und gehe in Deiner inneren Vorstellung aus dem Raum, in dem Du bist, an einen Ort in der Natur. Einen Ort den Du magst, egal ob Du ihn aus der alltäglichen Wirklichkeit kennst oder ob er vor Deinem inneren Auge entsteht. Dies ist Dein Start- und Landeplatz für die schamanischen Reisen in die nichtalltägliche Wirklichkeit, das ist Dein innerer Kraftplatz. Gut ist, diesen Ort beizubehalten, wenn er für Dich funktioniert, da wir als Gewohnheitstiere leichter tun, wenn wir es schon kennen. Dieser Start- und Landeplatz dient dazu, in die verschiedenen Ebenen der nichtalltäglichen Wirklichkeit zu kommen. Denn klassischer Weise unterscheiden wir in die untere, die mittlere und die obere Welt. Nicht überall wird das so praktiziert, aber es ist ein sehr verbreitetes gängiges Model. Von diesem Ort in der Natur, deinem Kraftplatz, kommst du, je nachdem ob du nach unten, geradeaus oder nach oben gehst, in diese Ebenen. Alle Ebenen sind gleich gut, es gibt keine Wertung, nur eine Anordnung oder ein Model, damit unser dreidimensionales Hirn sich nicht in der multidimensionalen Ebene, die es darstellt, verliert. Nach unten, in die untere Welt geht man dieser logischen Anordnung folgend, üblicherweise durch die Erde, durch einen Baum, durch eine Höhle, einen Fuchsbau, auch durch Teiche oder Seen, tendenziell eben immer nach unten. Das muss nicht steil abfallend sein, es geht nur um die Richtung. Da Du ohne physischen Körper unterwegs bist, gibt es keine Begrenzung, kein „das geht nicht" oder „da passe ich doch gar nicht durch" und Du kannst auch nicht zu

Schaden kommen. Die untere Welt ist die Ebene, in der Du die Natur, die Energie von Mutter Erde und auch die Krafttieren findest.

Die mittlere Welt ist vergleichbar mit unserer irdischen Ebene, zumindest optisch, aber außerhalb von linearer Zeit und Raum. Auch hier gehst Du über Deinen Kraftplatz, diesmal gefühlt gerade aus, oft durch eine Art Tor, die den Übergang zwischen alltäglicher und nichtalltäglicher Wirklichkeit signalisiert. Das können Bäume, Steine oder auch ein Gartentor sein. Von dieser Ebene kann man auch in die Zukunft oder in die Vergangenheit reisen. Was z.B. bedeutet, dort kannst Du die optimalste Version eines in der Zukunft liegenden Ereignisses bereisen, um so die Energie in die Richtung, die Du Dir wünscht, zu lenken. Das ist nicht viel anders als ein „Vision Board", von dem jetzt im Coaching gerne gesprochen wird oder einfach eine positive Programmierung zu kreieren, wie z.B. das Bestehen einer Prüfung oder gutem Ausgang einer Verhandlung etc.

In die Vergangenheit reisen kann z.B. helfen, alte Traumata zu heilen. Wir können Dinge nicht ungeschehen machen, aber wir können die Haltung und das Gefühl dazu ändern, Narben glätten, Schock-Informationen löschen und ganz schamanisch Seelenanteile zurückholen (dazu kommen wir noch genauer).

Die obere Welt ist die, in der der Schamane seine Lehrer findet. Du gehst vom Kraftplatz aus tendenziell nach oben und hier wird schon klar, es wird feinstofflicher/ätherischer, nicht mehr so „handfest". Gängige Möglichkeiten sind, über einen Baum nach oben zu klettern, sich mit dem Rauch eines Lagerfeuers nach oben schweben zu lassen oder sich einem fliegenden Helfer anzuvertrauen. Auch eine Strickleiter oder ein netter Riese, der einen hochhebt, können helfen. Alles was Dir in den Sinn kommt und für Dich funktioniert, ist gut. Die obere Welt ist für manche daran zu erkennen, dass sie durch eine Wolkenschicht oder eine Art Membran hindurchkommen. In der oberen Welt findest Du Deinen Lehrer oder Deine Lehrerin, Dein persönlicher weiser Ratgeber. Sie sind nicht zu verwechseln mit Geistführern, aufgestiegenen Meistern und Göttern/Göttinnen. Grundsätzlich will ich aber nicht ausschließen, dass Dein Lehrer als einer dieser zu erkennen gibt. Und natürlich ist es auch die Ebene, in der wir Kontakt zu all diesen Lichtwesen aufnehmen können.

Empfehlenswert ist es, eine klar formulierte Intension zu haben, denn die Energie folgt den Gedanken. Das ist im Alltag genauso. Wenn Du zu Hause losläufst ohne ein Ziel, unschlüssig, was Du willst, wird es vielleicht ein netter

Spaziergang, aber es ist eben nicht zielgerichtet wie „Ich will zur Post oder einkaufen oder jemanden besuchen“. So hilft regelmäßiges schamanisches Reisen tatsächlich mit der Zeit, auch im Alltag klarer zur formulieren, was Du willst und wo Du sein möchtest. Es färbt ab.

Bei einer ersten schamanischen Reise sollte die Intension immer heißen: Ich möchte mein Krafttier finden, denn das oder die werden in Zukunft immer Deine Reisen begleiten und Dir den Weg weisen in der nichtalltäglichen Wirklichkeit.

Krafttier finden: Krafttiere findest Du in der unteren Welt und wenn Du sie gefunden hat, begleiten sie Dich in alle Ebenen. Weit verbreitet ist die Ansicht, dass Insekten, Spinnentiere und Haustiere keine Krafttiere sind. Haustiere schon deswegen nicht, weil sie nicht mehr die Urkräfte repräsentieren. Ein Pudel hat nicht mehr die gleiche Energie wie ein Wolf. Außerdem sind oder waren sie physisch inkarniert und helfen uns in der alltäglichen Wirklichkeit und selbst wenn sie verstorben sind, können sie uns zwar als Seelen/Geistwesen weiter zur Seite stehen, aber ähnlich wie wir, bereiten sie sich irgendwann auf die neue Inkarnation vor. Ich bin der Überzeugung, dass wir unsere Tiere genauso über verschieden Leben treffen, wie wir uns auch mit Menschenseelen verabreden.

Dein Krafttier ist Dein Guide. Niemand kennt sich in deiner nichtalltäglichen Wirklichkeit so gut aus wie Deine Spirits, sie führen Dich, sie beschützen Dich, sie warnen Dich auch manchmal und sie sind es auch, ohne die Heilarbeit nicht stattfinden würde und Fragen nicht beantwortet werden. Was sie nicht tun, ist, Dir Entscheidungen oder die Verantwortung für Dein Leben abzunehmen. Sie werten nicht, sie stellen keine Bedingungen an Dich und sie sind immer für Dich da, wenn Du sie darum bittest und auch wenn Du es nicht tust. Aber das Leben mit den Spirits wird wesentlich einfacher, wenn wir mit ihnen kommunizieren. Das geht uns im Alltag auch wieder nicht anders: Wenn wir sagen, was wir brauchen, was wir uns wünschen oder was unsere Sorgen und Nöte sind, werden wir gehört und es wird jemand da sein, der uns hilft, die Hand hält und uns stärkt - aber niemand, weder Mensch noch die Spirits, können für uns unser Leben leben und auch niemand kann uns zu unserem Glück zwingen. Wir brauchen so lange wie wir brauchen und wenn wir manchmal mehrere Runden drehen, mehrmals auf die Nase fallen, die gleichen „Fehler“ machen, bis wir es kapiert haben, dann ist das allein in unserer Verantwortung, niemand ist „schuld“.

Wenn die Trommel beginnt, gehst Du auf Deinen Kraftplatz, findest Deinen Weg in die untere Welt, kommst dort an und denkst vielleicht lieber einmal zu viel: „Ich möchte gern mein Krafttier finden“ oder „Krafttier, bitte zeige Dich“ und schaust Dich einfach um. Beim schamanischen Reisen bedeutet das, mit ALLEN Sinnen wahrzunehmen. Manchmal sieht man nichts, aber hört etwas, oder hat das Gefühl, dass da etwas hinterm Busch... Auch ist das Reisen nicht bei jedem vergleichbar mit Fernseher einschalten und Film angucken. Es kann sein, Du siehst einzelne Sequenzen, ein Wort oder ein Satz ist auf einmal in Deinem Kopf, manche sehen schwarz-weiß oder in Zeichentrick...und egal, ob du erst einmal gar nichts oder ganz viel, vielleicht gefühlt zu viel siehst, heißt es einfach dranbleiben, einen Schritt nach dem anderen. Wenn mein Kopf zu viel dazwischenredet („Das bildest Du Dir nur ein“, „Was machst Du hier überhaupt?“ „Das siehst Du nur, weil Katja gerade gesagt hat... ich gestern den Film..., weil ich es sehen will?“) dann schaue ich mental immer auf meine Füße, wie ich einen Schritt nach dem anderen mache. Manchmal braucht es anfangs mehrere Reisen, bevor man sich überhaupt reinentspannen kann oder man auch nur eine Ahnung davon hat, was für ein Tier das Krafttier sein könnte, weil man immer nur ein Auge oder einen Umriss sieht. Nach alter Tradition sieht man ein Krafttier vier Mal, dann kann man sich sicher sein, dass es das ist, aber sie zeigen es oft sowieso ganz deutlich oder kommunizieren es – wobei das eher ein gedanklicher, telepathischer Austausch ist. Und natürlich können wir auch mehrere Krafttiere haben, bei manchen Menschen wechseln sie sogar häufiger. Und auch, wenn immer gilt, es gibt kein falsch, halte ich es wie in der alltäglichen Wirklichkeit: Es gibt ein paar wenige enge Vertraute, die mich schon lange und immer wieder begleiten, denen ich sehr verbunden bin und es gibt Helfer, die nur einmal den Weg kreuzen, vielleicht weil sie „Fach“ Spirits sind und sich für bestimmte Heilweisen zur Verfügung stellen, wenn es z.B. darum geht, Fremdenergien zu extrahieren.

Ist das Krafttier oder auch mehrere gefunden, dürft Ihr Euch einfach beschnuppern, spielen, kennenlernen, Euch guttun und eventuell schon ein paar Fragen stellen.

Lehrer finden: Als Gegenüber zum Krafttier, als weiteren wichtigen Verbündeten und weise Wesenheit gibt es, wie gesagt, die Lehrer, angesiedelt in der oberen Welt. Sie zeigen sich in menschlicher Gestalt, oft nur in Umrissen oder als Ausschnitt, z.B. man sieht nur ein Auge oder vielleicht nur als Energie oder Lichtgestalt. Sie sind weise Instanzen, die man aufsucht. Sie begleiten uns nicht wie Krafttiere überall hin. Wenn man ihnen begegnet, ist es oft ein intensives berührt werden im Herzen und es gibt keinen Zweifel, dass man sie oder ihn gefunden hat. Ich habe manche Menschen vor Glück weinen sehen, es ist ein unbeschreibliches Gefühl. Manche haben auch zwei oder drei Lehrer, seltene mehr, eine weise innere Instanz spricht für sich.

Wie weit auch immer Du kommst, wenn das Rückholsignal, das jede Reise abschließt, erklingt, musst Du umdrehen und in die alltägliche Wirklichkeit zurückkehren. Das ist eine der wenigen Regeln, die eingehalten werden MÜSSEN, denn ohne diese Verabredungen fehlt ein Teil des Geländers und gerade in schamanischen Gruppen würde es dann chaotisch werden. Solltest Du es abends im Bett machen und dabei einschlafen, ist das nicht schlimm, manche nutzen es sogar ähnlich einer Einschlafmeditation und das monotone Trommeln beruhigt die vielen durcheinander blubbernden oder schreienden Gedanken, balanciert die Gehirnhälften und wir finden ja auch sonst jeden Morgen wieder zurück aus unseren Träumen, wenn wir erwachen.

Die ersten schamanischen Reiseerfahrungen von einer Teilnehmerin meiner Workshops

Erste Reise

Es geht los. Die erste Reise soll in die untere Welt gehen und ich möchte den Tiger treffen, den Katja bei ihrer Reise für mich als mein Krafttier kennen gelernt hatte. Katja trommelt auf ihrer eigens für sie hergestellten Trommel und ich verlasse den Raum durch die Tür. Auf einer Wiese gehe ich auf einen großen, imposanten Baum zu. Nachdem ich ihn umkreist habe, schlüpfe ich durch die Öffnung und begebe mich in das großzügige Innere. Ich wollte Stufen hinuntergehen, aber die Treppen verwandeln sich in einen glitzernden blauen Schlauch, durch den ich nach unten rutsche. Ich rutsche und rutsche und nichts passiert. Aus dem Blau wird grau und schon hat mein Verstand den Fuß in der Tür und schaltet sich ein: Was ist, wenn ich gar nichts sehe? Und in der Tat passiert nichts und ich finde mich immer blöder. Weiterhin große Leere auf dem Bildschirm. Ich versuche, noch mal von vorne anzufangen und die ersten Stufen im Baum runterzugehen. Geht nicht. Heute Abend würde ich gerne TV glotzen – das ist nicht so anstrengend. Ödes Dümpeln im bildlosen Raum. Dann ein Hauch einer Assoziation von Flügeln. Aber ich soll doch in die untere Welt – Zweifel, aber... alles ist erlaubt. Zaghaft folge ich dem Hauch eines Schmetterlingsflügels und schwebe einen Moment. Das fühlt sich gut an, aber von Elfen oder gar Geistführern keine Spur. Das Rückholsignal ertönt und ich trotte enttäuscht aus dem Baum und komme wieder in diesen Raum.

Was gut war: Ich habe eine Ahnung, wie sich so eine Reise für mich anfühlen könnte. Ich bin dann nicht "verstandeslos" in einer anderen Welt unterwegs, sondern besuche in meiner Fantasie Orte, die ich mit meinem physischen Körper nicht betreten kann. Dabei bleibe ich immer klar hier liegen und höre Katjas Trommel. Normalerweise bewege ich mich relativ eingleisig durch die alltägliche Realität. Jetzt erlebe ich eine Art Zweigleisigkeit. Ich bin hier und gleichzeitig kann ich in meiner Fantasie reisen. Ich glaube, ich hatte Angst vor der Ansage, dass man nicht mehr zurückkommen möchte – quasi den Verstand abgegeben hat. Aber es geht hier nicht um Trance oder Hypnose – das wurde mir jetzt klarer.

Nach jeder Reise berichten die Teilnehmer kurz von ihren Erlebnissen, was sich als hilfreich erwiesen hat, um die Eindrücke hier in die reale Welt mitzunehmen. Danach beginnt die zweite Reise – diesmal in die obere Welt.

Zweite Reise

Ich gehe wieder zu meinem Baum. Er steht auf einer Lichtung auf der Pfaueninsel. Um den Baum herrscht eine festliche Stimmung. Lauter Elfen tanzen in wallenden Gewändern um ihn herum – ein fröhlicher Reigen. Als ich näher komme, ziehen sie mich in ihren Bann, binden mich ein in ihren Tanz und ich schwinge an einer Lichtsäule wie an einem Seil immer weiter nach oben: Ich kreise in die Lüfte.

Die Erde wird immer kleiner, was meiner Höhenangst keinen Auslöser zu Panik zu geben scheint. Ich steige immer höher, komme in Sphären, die heiter, weit und endlos scheinen. Inzwischen befinde ich mich in einem schwebenden Zustand, völlig körperlos, aber präsent – die Stimmung ist froh und leicht. Aber es passiert nix.

Und schon dröhnt der Verstand, meldet sich, will mitreden, gibt Kommentare. Ja, ja – sei so gut und lass mich noch einen Moment schweben. Ich hänge mich an die Lichtsäule und drehe mich wieder weiter runter. Auf einmal wird es ganz bunt, voller Geräusche. Ich schwinge weiter abwärts und dann wird alles blau.

Delfine um mich herum, wieder eine Atmosphäre von Leichtigkeit, Unbeschwertheit und Freude. Weiter unten treffe ich eine bunte Welt voller Schmetterlinge. Auf einmal mischen sich fratzenartige Wesen ein. Die will ich aber nicht sehen, also drehe ich weiter nach unten – alles ist erlaubt – und komme wieder am Baum vorbei, drehe mich in die Erde, immer weiter.

Auf einmal weißes Licht, ganz klar, wie Diamanten, und ein weißes Einhorn erscheint. Ich folge ihm, frage, ob ich auf ihm reiten darf: Ja. Es ist herrlich, auf seinem Rücken durch den Raum zu schweben – vielleicht sollte ich doch wieder reiten – schwups ist der Verstand wieder da. Ja, ja, ich weiß, dass es dich gibt – ich möchte aber noch weiterschweben.

Dann kommt das Rückholsignal. Wir drehen um, düsen den Weg zurück und ich stehe sehr schnell wieder vor dem elfenumschwebten Baum. Ich bedanke mich bei den Elfen und verabschiede mich, nehme die Fähre zum Festland und komme wieder durch die Tür.

Das war eindeutig besser als der erste Versuch. Die anderen Teilnehmer sind schon öfter gereist und erzählen von den unterschiedlichsten Erlebnissen. Das Reisen muss man üben, so wie man alles üben sollte, was man können möchte.

Dritte Reise

Eine letzte dritte Reise geht noch einmal in die untere Welt. Ich sage leise und deutlich, dass ich meinen Tiger treffen möchte. Wieder gehe ich zu meinem Baum, trete in die Öffnung und diesmal gibt es Stufen, die ich hinuntergehen kann. Nach einer Weile komme ich in einen großen Gang, der in einem riesigen Raum endet. Und dort sitzt wirklich ein gigantisch großer Tiger mit weiß-gelbem üppigen Fell. Ich gehe zu ihm hin und werde von seinem langen Fell regelrecht eingehüllt. Irgendwie lande ich auf seinem Rücken und er läuft mit mir durch einen anderen Gang, springt durch einen Wasserfall und wir sind in einer Dschungellandschaft. "Wie im Bilderbuch", zweifelt mein Verstand. Selbst wenn ich mir das alles nur einbilde, ist mir das im Moment egal. Dieses Gefühl, die geballte, unglaubliche Kraft des Tigers zwischen meinen Beinen zu haben, ist einfach geil. Ich konzentriere mich so auf dieses beeindruckende Gefühl, dass mir die Umgebung fast egal ist. Dann lade ich meinen Verstand ein, mir klar zu machen, dass ich dieses Gefühl mit in die andere Welt nehmen kann –

die Kraft des Tigers gehört zu mir. Genial. Das sind fast orgiastische Wellen, auf denen ich dann ganz langsam durch den Dschungel schaukle. Ich bin richtig glücklich. "Und wie sieht's um dich rum aus?", will der Verstand wissen. Immer noch bunt, lauter Tiere, irgendwo brennt ein Feuer mit einer geraden Rauchsäule. Ich konzentriere mich einen Moment auf Katjas Trommel und dann stehen wir vor einem See. Auf einmal taucht das Einhorn auf. Seine Ausstrahlung ist ganz anders als die des Tigers. Auch imposant, aber graziler. Ich lasse mich in das Wasser gleiten und staune über die samtige Konsistenz. Als das Rückholsignal erklingt, fliege ich auf dem Tiger den Weg zurück und lande mit einem Sprung vor meinem Baum auf der Pfaueninsel.

Welch ein Unterschied zu dem zaghaften ersten Versuch... Die Lehrer haben Recht: Übung macht den Meister.

Seelen Herpes

Die Stadt ist so laut, die Menschen zu viel und zu schnell, ein reißender Strom, wir quellen aus den Bahnen, wälzen uns durch die Straßen, halten die Luft an und ziehen den Kopf ein. Ein Lächeln überrascht. Fast wie eine Sinnestäuschung und schon wieder vorbei. Wir fühlen uns oft degeneriert, gefangen in uns selbst und in äußeren Zwängen, sehr viel Menschen gehen Beschäftigungen nach, die sie nicht mögen oder die sie langweilen. Liebe ist reduziert auf Freizeit – wenn überhaupt. Der Alltag, die Medien und die herkömmliche Schulerziehung basieren auf Angst. Das bringt uns meist erst mal sehr weit weg von uns selbst, von dem, wie wir gemeint sind.

Irgendwann kommt der Zeitpunkt, da ist das Maß übervoll. Die Seele sucht sich ein Ventil für das Zuviel an Input, für das Zuviel an Funktionieren müssen, für das zu wenig auf eigene Bedürfnisse, Sehnsüchte und Pausen hören können. Irgendwann klingt sich das Körper-Geist-Seele-System einfach aus. Error.

Eine Klientin beschreibt es so: *„Ich spüre, wie die dunkle Wolke Einzug hält, es ist jedes Mal das Gleiche und nichts kann sie aufhalten. Wie Herpesblasen – man spürt es schon Stunden, bevor man sie sieht, das Kribbeln in der Lippe und es ist klar, worauf es hinausläuft, unausweichlich. Nur noch stille Ohnmacht und Resignation. Diese dunkle Wolke nimmt alles Licht und die Luft zum Atem. Ich kann nur noch erstarren und warten, bis es vorbei ist. Manchmal hoffe ich noch, dass die Wolke vielleicht doch weiterzieht, vielleicht gar nicht mich meint, aber* *sie bleibt immer über meinem Kopf hängen, immer bin ich gemeint und immer wird es schlimm. Alles wird dunkel und schwer, jede Bewegung zur Qual, den Mund öffnen, etwas sagen, den Arm heben, etwas tun – einfach alles. Der Blick in den Spiegel ist genauso grauenvoll wie in Augen anderer schauen zu müssen. Alles scheint verzerrt, verquollen – unmöglich in irgendetwas das Schöne zu finden – vergiftet, versaut, innerlich zerfressen. Das ganze Leben fühlt sich an wie ein Fingernagel klingt, wenn er über eine Tafel kratzt. Widerlich.*

FALSCH, innen wie außen falsch, Dreck, Müll, verachtenswert. Hassenswert."

Ein trauriger Zustand, der sich regelmäßig einstellt, bei Frauen gerne verknüpft mit dem Zyklus. Das PMS, das prämenstruelle Syndrom, zeigt sich oft in so heftiger Form bei Frauen, die missbräuchliche Erfahrungen gemacht haben, die zu den sogenannten hochsensiblen Menschen gehören, die sehr perfektionistische Ansprüche an sich haben und die sich oft nicht gut abgrenzen können und immer online sind.

Aber natürlich haben auch Männern Zyklen – wenn auch nicht so offensichtlich – und doch lassen sich dieser Zustände in Wellen beobachten. Deswegen spricht die Psychologie auch gern von bi-polarer Störung. Es geht mal besser und mal schlechter.

UR-Wissen

Was mir immer wieder auffiel in meinen Studien über ganzheitliche oder native Heilweisen ist die Tatsache, dass Menschen, die in und mit der Natur leben, bestimmte Krankheiten gar nicht kennen. Sie haben keine Depressionen, keine Essstörungen, keine schizoide Persönlichkeit etc. und sie haben meist nicht einmal Worte dafür. Was nicht heißt, dass sie keine Probleme haben, nicht krank werden oder nur glücklich sind. Im Amazonasgebiet sprechen die Ureinwohner von \`Panema\`, was so viel bedeutet wie Traurigkeit, Mangel an Glück oder Schatten auf dem Herzen. Es ist dann aber selbstverständlich, dass damit keiner alleine gelassen wird, im Gegenteil, der oder diejenige wird dann in die Mitte genommen und es wird ein Ritual gemacht, an dem sich alle beteiligen.

Wir dagegen sind meist damit sehr allein, wir fühlen uns defekt, ziehen uns zurück, bis wir wieder funktionieren, greifen im Zweifelsfall auf Psychopharmaka zurück und meist wissen die Menschen im Außen nicht, wie dunkel es in uns ausschaut. Die Schattenseiten darf es nicht geben, wir müssen gut drauf sein, attraktiv und perfekt.

In einer Welt, in der Frau-Sein an sich jahrhundertelang als Schwäche und als Makel galt, haben sowohl Männer als auch Frauen die Orientierung und ihren Platz verloren. Wir sind aus allen Naturrhythmen gefallen und haben uns ein verkorkstes, mediengeprägtes Bild von Liebe und von Liebe gemacht. Männer müssen stark sein und Frauen auch. Aber was bleibt denn da noch?

Ein heimlicher Traum

Alle drei Wochen wünschte ich, sollten wir Frauen uns in eine Frauenhütte zurückziehen dürfen, alle gemeinsam menstruieren (das reguliert sich bei Frauen, die nah beieinander leben tatsächlich so – was für ein Wunderwerk der Natur), Reinigungsrituale durchführen, um dann gestärkt und frisch zu den Männern zurückzukehren. Alle hätten etwas davon und die Energien wären ausgeglichen: Männliche und weibliche sowie Plus- und Minuspole, um deren Ausgleich es letztendlich im Leben und in zwischenmenschlichen Beziehungen geht. Es ist ein beständiges Auf- und Entladen oder sollte es zumindest sein. Aber es ist auch klar, wie weit weg das von unserer westlichen Profit-orientierten Leistungsgesellschaft ist, wie unmöglich es einem nur beim Lesen vorkommt. Schade.

Gedankenparasiten

Was wir stattdessen tun, ist einen neuen Zyklus zu kreieren, eben weil wir alle anderen Zyklen ignorieren. Wir klappen regelmäßig zusammen. Durchaus auch eine Möglichkeit. Wir zahlen mit unserer Stärke, weil wir die Harten markieren müssen. Das ist in etwa damit zu vergleichen, wie jeden Tag in den Krieg zu ziehen – nur subtiler und ohne Sieg. In diesem Zustand sind wir ferngesteuert und wie gelähmt von unseren Gedanken, besser gesagt von dem, was ich als Gedankenparasiten bezeichne. Degenerierte, angefressene, geklonte Gedankenfetzen, die komische Richtungen einschlagen, sich im Kreis um sich selbst drehen, am besten alle auf einmal und komplett unfruchtbar sind und im dümmsten Fall implodieren. Maximal gut, um sie gegen die Wand zu fahren. Bei einem Computer würde man sagen, er hat sich aufgehängt, den muss man neu starten. Und das ist eine verdammt gute Idee! Denn das brauchen wir auch.

Reset

Bei allen unseren Programmen, die wir auf unseren Computern und Handys haben, machen wir Updates, löschen volle Speicher und oft sagt das Gerät dann „bitte neu starten“. Bei uns selbst vergessen wir das gern oder wissen vielleicht auch nicht, wo der Knopf ist. Dabei braucht es weder ein Psychologiestudium noch eine langjährige spirituelle Praxis. Innehalten reicht. Wir haben so eine gute Intuition, ein Urwissen, das nie verlorengegangen ist, ganz egal, wie wir die letzten Jahre mit uns umgegangen sind. Alle Heilweisen, die wir zur Verfügung haben, die immer neue Kreationen, Weiterentwicklungen und Namen bekommen haben, beruhen letztendlich auf dem, was unsere Vorfahren schon wussten und darin liegt die Stärke. Es gibt die asiatische Linie und die schamanische und beide arbeiten mit dem, wonach wir uns innerlich am meisten sehnen, was Seele als Nahrung so dringend braucht: die Verbindung mit den Elementen, der Natur und den Zyklen.

Niemand käme auf die Idee, einen Baum als schwach zu bezeichnen, nur weil er die Blätter abwirft und sich in die Winterruhe zurückzieht oder würde eine Blume als Versager bezeichnen, weil sie verblüht. Nur der Mensch meint, ewig jung und allzeit bereit sein zu müssen.

Aber wir sind auch nur Natur. Hören wir endlich auf so zu tun, als stünden wir drüber. Wir wurden geboren – was wollen wir mehr? Ist das nicht Wunder genug?

Aus meinem Nähkästchen

„Wie kommt man darauf, so etwas zu tun?“ oder „Was hat Dich denn zum Schamanimus gebracht?“, sind oft Fragen, die ich gestellt bekomme. Ich kenne niemanden, der das einfach so wird - SCHAMANE. Vielleicht gibt es die in der neueren Zeit, weil es eben hip ist, weil es auch so leicht ist, irgendwo ein paar Wochenendseminare zu buchen, aber die wirklich guten wurden vor allem vom Leben geformt und haben ihre Antworten, ihre eigene Heilung und das Anwenden dieses Wissens eben im Schamanismus gefunden. Dazu muss man nicht immer seit Generationen damit verbunden gewesen sein, manche tragen es in sich, weil sie es in früheren Leben schon mal waren oder vielleicht auch, weil sie an dieses Wissen ganz natürlich immer verbunden sind. Zu lernen gibt es ganz praktisch trotzdem ganz viel, denn es ist eine große Verantwortung.

Wenn man wie ich, immer das Gefühl hatte, nicht auf diese Welt zu gehören, immer irgendwie falsch und nie gut genug, liegt es nahe, sich wegzuträumen. In eine Welt, in der ich gut war, in der ich mit Tieren gesprochen habe und fliegen konnte. Natürlich habe ich immer an mir gezweifelt, ich fand mich selbst seltsam, habe ich doch oft Antworten auf Fragen nur gedacht Ich weiß nicht, warum ich es nicht ausgesprochen habe, aber es war wie eine Blase, die mich immer von den anderen trennte. Irgendwie emotional autistisch...Dann hatte ich noch einige Herausforderungen, wie den Brutkasten die ersten acht Wochen; eine Mutter, die den Kontakt zu mir nicht aufbauen konnte, ungeduldig und einfach furchtbar mit sich selbst beschäftigt war; ein Vater, der sowieso nie da war... die Familie meiner sogenannten Tagesmutter war gewalttätig und übergriffig und mit 29 Jahren fiel mir dann auch der Missbrauch wieder ein. Die Trennung meiner Eltern, dann eine Stiefmutter mit einer unglaublich intelligenten und selbstbewussten Stiefschwester, aus deren Schatten ich, egal was ich tat, nicht kam, sie war einfach immer überall die Beste. Erst als sie die 10. Klasse übersprungen hatte, wurde es besser. Dann haben wir uns aber gemeinsam eine Essstörung angeeignet, in der ich endlich mal die „Bessere" war, denn sie war furchtbar dünn und mir sah man es nicht an. Es klingt makaber, aber das wurde mein Motto - Hauptsache, man sieht es mir nicht an. Meine Stiefmutter hat uns zu einem Psychologen geschleppt, natürlich hat sie sich Sorgen gemacht, aber ich wurde eben einfach nicht gefragt - ich wäre z.B. niemals freiwillig zu einem Mann gegangen und so war das für die Katz, warum auch immer man das so sagt. Die Therapeuten, die ich mir später selbst immer mal wieder ausgesucht hatte, waren zwar Frauen, haben mir sicher ansatzweise auch geholfen, aber wirklich verstanden fühlte ich mich nie. Sie haben mich nicht gesehen, sondern nur kategorisiert. Ich kann das spüren, wenn jemand nicht bei mir ist, mechanisch und verkopft ist und nicht empathisch. Ich bin dann innerlich weg. Automatisch, ich kann da gar nichts gegen machen. Es braucht noch viele Umwege, privat wie beruflich, bis ich meinen für mich zutiefst stimmigen Weg gefunden habe und ich möchte nichts davon missen.

Das Mädchen und der kranke Vogel

Eine junge Frau sitzt vor mir und lässt die Schultern hängen wie ein kranker Vogel seine Flügel- und genau darum geht es auch: Sie kann nicht fliegen. SIE KANN NICHT. Sie würde so gerne..., sie wollte doch mal..., sie müsste eigentlich... - vor allem funktionieren - aber sie kann nicht. Sie hat keine Kraft, sie fühlt sich leer. Manchmal sitzt sie einfach nur da.
Eine Ausbildung hat sie nicht, Freunde eigentlich auch kaum. Sie mag nicht essen und das sieht man. Ihr schmeckt das Leben nicht. Es ist so mühsam. Das

alles...
Ich kann das große schwarze Loch - das Nichts - das sie ausstrahlt, das sie umgibt, fast mit den Händen anfassen. Es ist zu sehen, dass sie eigentlich nicht da ist und ich weiß, wie es sich anfühlt, wenn so viele Seelenanteile fehlen. Da möchte der Rest der Seele, der noch anwesend ist, eigentlich nur hinterher, am liebsten ganz weit weg. Nach Hause.
Was ihr am Meisten zu schaffen macht, ist, dass sie sich nicht erinnern kann. Sie weiß, irgendwas ist schiefgelaufen, irgendwo hat sie sich verloren - so formuliert sie es und ist sich nicht bewusst, wie sehr das stimmt. Aber sie hat was gelesen über Schamanen, die Seelenanteile finden und zurückbringen, deswegen ist sie da. Ihre Psychotherapeutin unterstützt das sogar - obwohl die eigentlich „gar nicht so eso-mäßig drauf ist". Eine zaghafte Entwicklung, die ich mit Freude registriere.
Sie selbst ist auch eher unbedarft, hatte bisher wenig Berührungspunkte mit spirituellen Themen gehabt. Es ist eher die Not, die sie treibt. Glauben tut sie vorsichtshalber erst mal an nichts, aber sie hofft auf ein Wunder.

Du musst nur wollen
Natürlich muss ich ihr sagen, dass genau das nicht passieren wird, jedenfalls nicht ohne ihre Mitarbeit...ihr gar zu sagen, dass *NUR* sie dieses Wunder vollbringen kann, dass sie es *kreiert*... nun ja, damit warte ich wohl noch ein bisschen.
Vermutlich wurde ihr schon so oft gesagt, dass sie doch einfach ihre Flügel ausbreiten soll und dann klappt das schon. „Sie müsse nur wollen!" Allein dieser Satz macht schon mutlos, oder nicht? Vermutlich ist sie auch schon hin und wieder einfach aus dem Nest geschubst worden in der Annahme, dass sie sich dann schon erinnert, wie es geht. Sie weiß inzwischen vor allem eins sehr gut: dass es eben nicht geht.
Wie soll sie sich erinnern, wenn sie gar nicht da ist - oder zumindest ein großer Teil ihrer Seele nicht, sie keinen Zugriff mehr hat auf das, was sie ausmacht?
Die junge Frau hat etwas erlebt, was für ihre Seele sehr schmerzhaft gewesen ist, aber sie hat es überlebt, eben weil sich in dem Moment ein Teil ihrer Seele abgespalten und Schmerz und in ihrem Fall auch die Erinnerung an das Erlebte von ihr Abstand genommen haben, damit sie als „Basis-Essenz" erhalten bleibt.
„Wissen Sie, ich dachte immer, ich bin ein wandelnder Fehler, ein Irrtum. Und jetzt sagen Sie, dass ich stolz auf mich sein soll, dass ich noch da bin und „nur" gerade *„nicht in der Ordnung"* bin, weil mir Seelenanteile fehlen? So habe ich das noch nie gesehen!"
Ich erzähle ihr eines meiner Lieblingsbilder, das mir dazu einfällt: Wenn wir uns vorstellen, wir wären ein Auto mit - sagen wir - zwölf Zylindern, also richtig groß, aber leider fahren wir nur auf vielleicht vier „Töpfen" und leiden, weil wir

eigentlich um unsere Stärke wissen, aber egal wie sehr wir Gas geben, es zieht nicht, wir kommen kaum vom Fleck, aber Sprit frisst es trotzdem...mehr als wir übrig haben.
Manchmal ist es auch so, dass wir schon so lange mit weniger als halber Kraft fahren, dass es für uns normal geworden ist und wir uns damit abfinden. Dann ist auch dies eine Entscheidung und legitim.
Die junge Frau nickt langsam und sagt: „Ich würde aber gerne wieder auf allen Töpfen fahren...!"
Sie gibt mir also die Erlaubnis/den Auftrag, für sie auf die schamanische Reise zu gehen. Das ist wichtig, denn nur dann darf ich für sie Seelenanteile zurückbringen. Aus eigenem Antrieb, jemandem zu seinem vermeintlichen Glück zu verhelfen, ohne dass dieser das möchte oder gar davon weiß, ist genauso wenig zulässig wie wirksam. Außer natürlich wie immer in Ausnahmesituationen wie Bewusstlosigkeit, Unfall, Koma...

Die Voraussetzungen

Bevor wir mit der schamanischen Arbeit anfangen, ist es mir ein großes Anliegen, sie darüber aufzuklären, dass die weitverbreitete Annahme oder zumindest insgeheime Hoffnung, es macht „puff" und alles ist gut, nicht funktionieren wird - die Verantwortung für ihr Leben und was sie daraus macht, bleibt bei ihr.
Wenn jemand sehr verwirrt ist, unter Verfolgungsängsten oder starken Zwängen leidet, rate ich grundsätzlich ab.
Auch werden nicht alle Seelenanteile, die sie je verloren hat, auf einmal zurückkommen, sondern nur die und genauso viele, wie sie jetzt braucht und verkraftet. Ganz wichtig. Wir sind es nicht mehr gewohnt, „heil" zu sein und wir leben in einer vierdimensionalen Welt - inklusive linearer Zeit, also sollten wir uns genau das geben: Zeit für den Heilungsprozess.
Die junge Frau hat sich entschieden, mir zu vertrauen, auch wenn sie nicht genau weiß, was ich da eigentlich tue. Das erleichtert mir natürlich die Arbeit, die schamanischen Reise. Sie öffnet mir damit im wahrsten Sinne des Wortes die Türen in die *Nichtalltägliche Wirklichkeit.*

Die Seelenrückholung

Die junge Frau hat sich hingelegt, die Augen geschlossen und sieht einigermaßen entspannt aus. Ich setzte mich nach meinem Vorbereitungsritual neben sie und fange an, monoton auf meiner Rahmentrommel zu trommeln und mache mich auf die Reise. Das Trommel hilft mir, in einen leichten Trancezustand zu gelangen - oder man könnte auch sagen, der Schamane reist auf seiner Trommel von der *alltäglichen* in die *nichtalltägliche Wirklichkeit (NAW).* Dort finde ich sehr schnell ihr Krafttier, von dem ich mich dann auch

leiten lasse. Es ist wie ein Sausen durch Landschaften, manchmal unseren sehr ähnlich, manchmal sehr fremd und trotzdem vertraut.
Ich bekomme insgesamt vier Seelenanteile gezeigt, von knapp einem halben Jahr bis ca. 11. Lebensjahr. Sie zeigen sich mir in dem Alter, in dem sie gegangen sind/abgespalten wurden und ich spüre oft das Gefühl, wegen dem sie gegangen sind - also Angst, Schock, Ohnmacht etc. Manchmal findet sie man an Orten in der Vergangenheit: im Elternhaus, in einer Schule, Schwimmbad...Ich frage jeden einzelnen, ob er mitkommen möchte, nehme ihn an der Hand oder in den Arm, je nachdem was sie zulassen oder brauchen und komme zurück in die alltägliche Wirklichkeit, indem ich mir ein Rückholsignal mit der Trommel gebe.
Ich übergebe die Seelenanteile und das Krafttier der jungen Frau, indem ich sie über Herz und Scheitel einblase und ihr einen kleinen Stein- einen Rosenquarzsplitter - in die Hand drücke, den sie die nächsten Tage auch noch bei sich tragen soll. Sogenannte Halbedelsteine binden Energien sehr gut und eignen sich daher als "Transportmittel"- wie zum Beispiel für Seelenanteile.
Sie hat während der Reise immer mal wieder leise vor sich hin geweint, bei der „Übergabe“ kullern die Tränen nur so aus ihr raus. Gleichzeitig lacht sie aber auch ein, zwei Mal. Jetzt sieht sie tatsächlich entspannt aus. Die Denkfalten haben sich geglättet und die permanent hochgezogenen Augenbrauen sind endlich da, wo sie hingehören. Das Krafttier nimmt sie an wie einen verloren geglaubten Freund: ihr liebstes Stofftier als Kind war genauso ein Tier - und damit sind wir auch schon bei einem ihrer zurückgekehrten Seelenanteile. Eben dieses geliebte Stofftier wurde bei einer Läuse-Vernichtungs-Aktion verbrannt, da es zottelig, aus Wolle und nicht heiß waschbar war. Das ist für jedes Kind ein Drama, aber ganz besonders, wenn es sonst niemanden hat.
Die junge Frau, geboren noch in der ehemaligen DDR, wurde mit knapp sechs Monaten in ein Wochenheim gegeben, war also von Montag bis Freitagnachmittag bei Erzieherinnen und nur am Wochenende zu Hause, weil die Eltern so wenig Zeit hatten. Daher auch dieses endlose Verlassenheits- und Einsamkeitsgefühl, das ich wahrgenommen habe bei dem jüngsten Seelenanteil.
Und in diesem Wochenheim brach die Läuse-Epidemie aus...
Es sind oft auch Umstände, für die keiner was kann oder die sich nicht einfach ändern lassen.
Die junge Frau spricht dann noch eine Vermutung aus, die ich vom ersten Moment an hatte und es ist gut, dass sie selbst darauf kommt. In ihrer Geschichte gibt es auch einen sexuellen Missbrauch, den sie geahnt hat und der sich ihr nun gefühlsmäßig bestätigt. Sie kann es nicht erklären, sie weiß jetzt einfach, dass es so war und sie empfindet es als Erleichterung, die Gewissheit zu haben.

Ich habe seit vielen Jahren mit Menschen und deren Seelenanteilen durch Misshandlung und Missbrauch auf allen Ebenen zu tun und weiß, die Seelenanteile kommen sanft zurück, d.h., sie bringen das zurück, was zu dieser Seele gehört, die Potentiale, Gefühlsfähigkeit, Kreativität usw. - eben alles, was zuerst schmerzt - aber lässt das, was von außen kam, draußen.
Es gibt also keine Konfrontation mit den alten „Filmen“, die eh passiert sind und im Zweifelsfall neue Traumata auslösen würden. Dann könnte ich mich ja gleich wieder auf den Weg machen und den eben erst zurückgebrachten Seelenanteilen ein zweites und drittes Mal hinterherrennen.

Nachwirkung und Nebenwirkungen
Schon drei Tage später ruft die junge Frau mich an. Zum einen hat sie den Rosenquarzsplitter verloren, zum anderen fühlt sie sich manchmal so merkwürdig.
Ich erkläre ihr, dass sie den Stein wohl nicht mehr braucht, dass er sich verabschiedet hat und ihre Seelenanteile sicher nicht irgendwo auf dem Bürgersteig liegen. Sie ist ein wenig irritiert, dass ihre Sorge sich scheinbar in Nichts auflöst. Das ist sie nicht gewohnt.
Sie beschreibt mir ihren Zustand als leicht schwindelig, außerdem sieht sie „bunter“, die Farben kommen ihr kräftiger vor und sie hat kaum noch Lust zu rauchen (sie hatte mir nicht erzählt, *dass* sie raucht). Statt drei Schachteln, schafft sie jetzt nur noch ungefähr 15 Zigaretten. Weniger als ein Drittel. Ich frage sie, ob ich da einen Vorwurf raus höre. Sie stutzt und lacht - tatsächlich!
Aus schamanischer Sicht ist das, was sie beschreibt, ein gutes Zeichen. Die „Symptome“ zeigen, dass sich die Seelenanteile integrieren und dadurch verschieben bzw. verstärken sich oft ein oder mehrere Sinne. Und sogenannte Süchte, mit denen man vorher die Lücken in der eigenen Seele versucht hat, provisorisch zu flicken und zu kaschieren, verlieren ihre Daseinsberechtigung. Natürlich ist es nicht *nur* einfach, schließlich hat das auch viel mit Gewohnheit, Konditionierung und Belohnung zu tun. Vermutlich wird die junge Frau die restlichen 15 Zigaretten nur mit gutem Willen und Durchhaltevermögen los- wenn sie das überhaupt möchte. Und das weiß sie noch nicht. Bevor sie auflegt, sagt sie noch: „Es ist immer noch mühsam, morgens aufzustehen, aber ich glaube, meine Seele freut sich. Manchmal spür ich sie richtig hopsen.“
Drei Wochen später vereinbart sie den nächsten Termin. Sie ist bereit, das Wunder selbst in die Hand zu nehmen.

Der Sinn und Inhalt einer schamanischen Reise

Es gibt bestimmte Dinge, die ein Schamanen über das Reisen wieder in die

höchstmögliche Ordnung von Seele bringen kann und die ich hier ein wenig erklären möchte. Viele Begriffe fielen nebenbei schon und wurden in den Geschichten auch schon teilweise erklärt, wie zum Beispiel Seelenrückholung oder Extraktion.
Aber ich erkläre es erst einmal wieder in meinen eigenen Worten. Seele ist vergleichbar mit einer riesengroßen Festplatte eines Computers. Unendlich viele Programme, Ordner und Systemsteuerungen sind dort abgelegt und wir haben keine Ahnung, was das alles ist und wie es mit einander verknüpft ist. Viele Programme haben wir selbst installiert, benutzen manche viel, manche selten oder nie und andere haben wir wieder vergessen und den Überblick verloren. Ich mag den Vergleich, da sich mir ein Computer als ziemlicher Laie einfach nicht erschließen will, ich bin froh, wenn ich die wichtigsten Überlebens-Funktionen kenne. So geht es den meisten Menschen mit Seele. Vielen reicht das ja auch, sie funktionieren eben so gut es geht, bis dann das System muckt, anfängt zu qualmen und einem vielleicht sogar um die Ohren fliegt. Will sagen, bis eben Seele irgendwann die Notbremse zieht, sich Krankheiten manifestieren oder der Akku einfach alle ist. Genaugenommen arbeiten wir, mit dem Computer verglichen, im Alltag maximal mit dem temporären Ordner, vergleichbar mit unserem Bewusstsein. Was ja schon verdeutlicht, wie klein der Teil ist, den wir aktiv benutzen. Dann kommt dazu, dass die Programme, die auf unserer Festplatte abgelegt sind, oft sehr veraltet sind und noch dazu fehlerhaft arbeiten. Um es zu übersetzen: Wir haben uns, vor allem in der Kindheit, Überlebensprogramme angeeignet, die mit unserem JETZT nichts mehr zu tun haben. Ein Mensch, der als Kind viel misshandelt, gedrillt und zu wenig geliebt wurde und sich dadurch vielleicht zurückgezogen hat, sein Herz zu gemacht hat und misstrauisch allen Menschen gegenüber wurde, ist das als Erwachsener meist immer noch. Da das nicht seiner Natur und Ordnung entspricht, beginnt sein System irgendwann an, Alarmzeichen zu geben, vielleicht durch Panikattacken, ob durch chronische Haut- oder Darmerkrankungen oder oder oder. Es ist unglaublich, wie einfallsreich jedes einzelne Wesen im Kreieren von Handlungen, Gewohnheiten, Verdrängungen und auch Alarmsignalen ist. Wir haben das alle. Niemand ist frei von diesen Programmierungen. Wir sind Menschen, wir haben eine Vergangenheit, wir haben Eltern mit einer Vergangenheit, die haben Eltern usw. Da unsere Ahnen, schamanisch gesprochen, ihre Vergangenheit meist nicht heilen konnten – und oft sind das ja noch so dramatische Geschichten wie Krieg, Flucht und andere Traumata - ist da schon mal viel an uns weitergegeben worden, denn nichts, keine Information, keine Energie geht je verloren! Es sei denn, es wird transformiert, gelöst und geheilt. Alte Ängste, emotionale Blockaden, unter den Teppich gekehrte Familiengeheimnisse lösen sich nicht in Luft auf, nur weil keiner mehr darüber spricht. Das allein führt oft schon dazu, dass wir mit total

veralteten Programmen arbeiten, Festplatten technisch ausgedrückt. Dann kommt noch unsere eigene Vergangenheit dazu und – um unser kleines Hirn gleich ganz zu verwirren – bringt Seele ja auch eine Vergangenheit mit, eine vielleicht tausende von Jahren alte.
Niemand würde heute noch mit einem Windows ´95 arbeiten, aber auf uns selbst bezogen, tun wir genau das.

Über das schamanische Reisen erreichen ich Seele viel tiefer als z.B. „nur“ über ein Gespräch. Mein Job ist es nicht, Dir zu erzählen, was Du in Deinem Leben ändern musst oder was Du *falsch* machst. Ich umschiffe durch die schamanische Reise den Verstand und kommuniziere direkt mit Seele. Ich mache quasi ein Update auf der Festplatte und leere den Mülleimer.

Auf den Hund gekommen

Eine Liebeserklärung

Warum es doch viele gute Gründe dafür gibt, auch in der Stadt ein Tier zu haben. Wie sie vielfach zurückgeben, was wir ihnen an Liebe schenken - uns heilen und in Bewegung halten, Herzen berühren und öffnen...
Pandora, dies ist für Dich, nichtsahnend wie Du da gerade in Deinem Körbchen schläfst und träumend mit den Pfoten zuckst. Das ist unsere Geschichte.

Die Argumente, dagegen, die jeder kennt

1.) Alles, was größer ist als eine Handtasche, ist für die Stadt nicht geeignet.
2.) Ich habe zwar jetzt gerade die Zeit und Mittel, aber was ist z.B. in zwei Jahren?
3.) Will ich mich so viele Jahre "unfrei" machen?
4.) Bin ich nicht doch ein Katzen-Mensch?
5.) Es macht total unfrei

Aber ich hatte Sehnsucht. Es kam der Tag, da wusste ich, ich brauche einen Hund zu meinem Glück. Am besten sofort. So schnell ging es dann natürlich nicht.
Ich hatte zu viele Argumente DAFÜR. Herz-Argumente. Logisch waren die nicht, aber irgendwann hatte ich mich soweit, dass ich mir selbst geglaubt habe, dass es mich vielleicht zu einem besseren und glücklicheren Menschen macht. Lange Rede kurzer Sinn, es wurde eine Windhund/Podenco-Hündin aus Spanien. Ich hatte eine Organisation angeschrieben, die speziell Spanier aus den

Tötungsstationen und von der Straße rettet. Ich wollte einen Hund, der ein Zuhause braucht. MICH.

Pandora- kein bisschen Unheil, aber ganz viel Hoffnung

Als ich sie abholte, war sie ein Bündel Angst. Traumatisiert, geschlagen, vor allem von Männern, das zarteste Hundewesen, das mir je begegnet ist, scheuer als manche Katze. Sphinx-gleich sitzen konnte sie auch noch. Anfangs haben wir oft zusammen geweint. Und dann gearbeitet. Ich dachte, für irgendwas muss das, was ich kann, doch gut sein - auch für sie. Denn genauso wie Menschen können natürlich auch Tiere Seelenanteile durch traumatische Erlebnisse verlieren, zahlen einen hohen Preis für das, was sie lernen wollen auf diesem Planeten und für das, was sie bereit sind, für uns zu tun. Und das ist so viel. Ich habe also gemacht, was ich am besten kann: Ich bin für sie schamanisch gereist. Immer wieder. Ich habe sie von Anfang an mit in meine Praxis genommen, habe die Teilnehmer meiner schamanischen Reisegruppe für sie reisen lassen. Und irgendwann drehte es sich um. Sie reiste nun mit uns. Einfach so, als hätte sie nie etwas anderes getan. Wir können die Trommeln neben ihr schlagen, Didgeridoo spielen, sie träumt ungerührt ihre eigene Welt... Und so wurde es für mich selbstverständlich, sie als meine Assistentin vorzustellen. Sie hat ihren Platz neben meinem Stuhl und sie bleibt natürlich, ohne dass ich es ihr beibringen musste, zwei Stunden, die bei mir eine Sitzung oft dauert, genau dort liegen. In ganz seltenen Fällen - im Ganzen vielleicht fünf Mal in nun knapp vier Jahren - ist sie aufgestanden und hat sich während der schamanischen Reise neben denjenigen gelegt, für den ich gerade unterwegs war. Ich werde nie sicher sagen können, warum genau sie das getan hat, ich weiß nur, es waren immer Frauen - Pandora liebt Frauen - und diese hatten, zu meinem Glück, keine Berührungsängste mit Hunden. Ich habe gelernt, ihr da zu vertrauen: Alle „Betroffenen" haben es als sehr angenehm und beruhigend, sogar als großen Trost empfunden. Es hat ihnen geholfen, ihr Herz zu öffnen.

Vom grobstofflichen zum feinstofflichen Helfer - vom Hund zum Krafttier

Manch einer/eine hat in meiner Praxis inzwischen über Pandora den Weg zu den Tieren im Allgemeinen und im Speziellen auch zu den Krafttieren gefunden. Es gibt meist zwei verschiedene Typen: Die einen, die Tiere lieben und selber beherbergen, schlugen sehr schnell die Brücke zu mir als "Gleichgesinnte", meiner Arbeit und haben sehr schnell die Bereicherung durch ein Krafttier begreifen und spüren können. Die anderen, die nie mit Tieren zu tun hatten oder die es aus alten Ängsten vermieden haben, konnten sich über die feinstofflichen Krafttiere und deren Weisheit die ersten Kontakte zu einem

ganz physisch anwesenden Tier knüpfen und haben vielleicht das erste Mal in ihrem Leben ohne Unbehagen ein Tier aus Fleisch und Blut übers Fell gestreichelt. Pandora als zurückhaltendes zartes Wesen hat es ihnen leicht gemacht.
Man kann Tiere spüren. Ein Tier macht etwas mit uns, nur wenn wir daran denken. Ich sage z.B. Pandabär und Du siehst ihn vor Deinem inneren Auge und Du hast ein Gefühl dazu. Und Du verstehst auch sofort, dass sich ein Eichhörnchen ganz anders anfühlt. Warum?
Hast Du je einen Pandabären getroffen, so ganz in echt und frei? Ein Eichhörnchen sicherlich, aber woher weißt Du, wie es sich anfühlt? Und woher kannst Du sagen, dass es so anders ist als ein Pandabär, wenn Du doch nur das Eichhörnchen wirklich im Baum hast rumspringen sehen, nicht aber den Pandabären?

Weil Du Tiere mit dem Herzen sehen kannst. Darum. Und wusstest Du, dass eine freie Übersetzung von Schamane genau das bedeutet: „Der, der mit dem Herzen sieht."? Das ist die Kunst.
So wie wir unterschiedlich sind, so sind auch die Gefühle zu den jeweiligen Tieren individuell. Das heißt, ein Pandabär wird sich für Dich immer anders anfühlen als für mich. Vermutlich. Wichtig vielleicht zu sagen, dass es nichts mit unserem Wertesystem oder Lieblingstier zu tun haben muss. Ich habe schon erlebt, dass jemand, dem ich von seinem Krafttier berichtet habe, meinte: „Ach, nur ein Kaninchen?!"
1.) Es war ein weißes Kaninchen und weiße Tiere, egal welche, gelten in vielen Kulturen als heilig.
2.) Wenn da nicht ein fettes Ego mitredet, dann weiß ich auch nicht...

NATÜRLICH hätten gern alle Wölfe oder Weißkopfadler oder sonst etwas Großartiges, aber das ist vielleicht gerade NICHT das, was wir brauchen. Und zur Beruhigung: der Trend geht zum Zweit- oder gar Dritt-Krafttier. Der Weißkopfadler wäre also noch drin...
Verzeih meinen Humor, aber genau das lernt man von Hunden und auch von Krafttieren: Nicht alles so tierisch ernst zu nehmen.
Die höchste Weisheit bleibt
die des Herzens.
Vor ihr gibt sich das Universum demütig
und beschützend zugleich
und die Sterne beginnen zu beten.
(Indianische Weisheit)

Pandora hatte ihren Namen übrigens schon in Spanien erhalten, als ich damals die Nachricht der Organisation bekam: „Wir haben den Hund für Sie gefunden!" Kein vielleicht oder könnte möglicherweise sein, sondern da ist sie, was mich dazu veranlasste, im Internet zu recherchieren: Wenn man lange genug sucht, findet man hinter den etlichen Mythologien der neugierigen von Zeus erschaffenen Pandora, die in einer Büchse das Unheil über die Welt brachte, weil sie wider Versprechen doch hineinschauen musste, eine ganz andere wunderschöne Bedeutung: die der Maria und dem heiligen Gral.

Liebste Pandora, ich danke dir für deine bedingungslose Liebe und unerschütterliche Lebensfreude und dass Du mir meine Fehler und Launen nicht nachträgst.

Am 15.10.2020 hat Pandora, meine wundervolle Seelengefährtin, nach ca. 17 Jahren (davon knapp 15 bei mir) die Seiten gewechselt. Es geht ihr gut da wo sie ist. Manchmal treffe ich sie noch auf meinen Reisen.

Das Zurückholen verlorener Seelenanteile Teil I

Das Gefühl, nicht vollständig, sondern leer und nicht in der Kraft zu sein, ist wohl leider ein Gefühl, das viele von uns kennen. Für mich war es Antrieb, mich auf die Suche zu machen. Das Reden in Therapien hat mir sicher geholfen, einiges aufzuarbeiten und zu verstehen, aber es hat an dem Gefühl nicht geändert, nicht an dem inneren Loch, meiner latenten Traurigkeit und der Frage nach dem Sinn. Ich las das erste Mal in einem Buch von Sandra Ingermann, dass es so etwas gibt, wie den Verlust von Seelenanteilen und es war in diesem Moment, als hätte mich einer an die Steckdose angeschlossen, ich war elektrisiert, ich war aufgeregt und ich wusste, ich habe MEINE Wahrheit gefunden, meine Erklärung, mein Model, die Welt zu verstehen. Und schlagartig verlies mich das Gefühl, das mit mir was nicht stimmt, dass ich zu blöd bin für dieses Leben (ja, ich war schon immer sehr streng mit mir...).

Aus schamanischer Sicht verlieren Menschen Anteile ihrer Seele durch traumatische Erlebnisse, was weit gefasst, so ziemlich alles sein kann, was Seele erschreckt, verletzt und unglücklich macht. So haben wir alle, Du auch, mit Sicherheit Seelenanteile verloren. Das ist eine Überlebensstrategie: Das, was weh tut oder unter Schock steht abzuspalten, um weiter funktionieren zu können. Auch die Psychologie kennt das, sie nennt es nur anders und geht vor allem ganz anders damit um. Je mehr sogenannte traumatische Erlebnisse ein Mensch erlebt hat und je feinstofflicher oder hochsensibler er ist, desto mehr

Seelenanteile gingen mit großer Wahrscheinlichkeit verloren. Nun ist Seele nicht vergleichbar mit einem 1000 Teile Puzzle, sondern eher mit einer multidimensionalen Wolke, wenn man schon ein Bild benutzen möchte. D.h., Seele ist immer im Zustand des Ausdehnens und Zusammenziehens, mal diffus verteilt, mal sehr konzentriert. Ich möchte behaupten, Teile unserer Seele wandern in anderen Dimensionen, während wir hier vielleicht gerade arbeiten oder essen... Daher geht es bei der Seelenrückholung eben nicht darum, so lange Seelenanteile wieder einzusammeln, bis das Puzzle wieder vollständig ist und alle Lücken geschlossen, sondern ich bekomme nur die Seelenanteile auf der schamanischen Reise gezeigt, die gerade dran sind, die Du gerade brauchst und so viele, wie Du verkraftest. Heil werden ist auch ein Prozess und braucht Gewöhnung. Das geht nur nach und nach, nie alle auf einmal, das ist auch nicht der Sinn. Manchmal werde ich dann gefragt: Und wie viele Seelenanteile fehlen mir jetzt noch? Wie oft muss ich noch kommen? Ich kann dann nur sagen: Du kommst immer dann, wenn es Dir einfällt, wenn es Dich ruft.

Heimweh nach Hause

Es ist dieses Ziehen im Solar Plexus, manchmal. Ganz besonders schlimm, wenn die Gänse im Herbst gen Süden fliegen. Dann will ich mit, bitte! Heim! ...wo immer das ist.

Früher, als Kind dachte ich, ich bin die Einzige auf der großen weiten Welt, die das hat und konnte es keinem erzählen. Weil ich spinne. Eine Krankheit ohne Namen und Katja, 5 Jahre, einziger Patient, unheilbar. Also habe ich in den Himmel geschaut und geweint. Stumm und nach innen. Und die Einsamkeit war noch größer als sonst. Und ich war noch kleiner als sonst. Ich habe angefangen, mir meine eigenen Welten zu schaffen, mich darin zu verkriechen, habe den ganzen Tag vor mich hingeträumt. Dort war es schön, heil, sonnig und ich war Held. Gerne Tarzan. Denn der war im Gegensatz zu Jane stark und konnte mit den Tieren reden.

Die Fast-Heilung

Geheilt bin ich von der Träumerei immer noch nicht - oder sagen wir so: eine gewisse Tendenz zur Rückfälligkeit habe ich mir erhalten. Und mit Tieren rede ich auch immer noch, meinen Krafttieren.

Jeder Mensch ist durch die Anwesenheit der Seele ein spirituelles, *übersinnliches* Wesen. Will sagen: unbegrenzt, multidimensional, göttlich.

Unser Alltag begrenzt uns in eine Drei- bzw. mit Zeit – Vier - Dimensionalität, lässt uns vergessen, was doch eigentlich selbstverständlich sein sollte. Eingelullt von Medien und Schreckensmeldungen setzt Gleichgültigkeit und Resignation ein. Wenn da nicht, ja wenn da nicht diese Sehnsucht, dieses Ziehen im Bauch oder im Herzen wäre, das Heimweh. Das ist das was uns weckt. Das ist, was uns rettet.

Anfängerfehler

Die uralte Methode des schamanischen Reisens war meinem täglichen Mich-Weg-Träumen so nah, dass ich fast übergangslos von einem zum anderen übergewechselt bin. Die Herausforderung dabei ist, dass es einen richtig weit weg beamt vom Hier und Jetzt. Und ich immer wieder versucht habe, „drüben" zu bleiben. Es erschien mir so viel verlockender und ich hatte doch solches Heimweh.

Ich kann mich erinnern, dass ich zu Beginn meiner schamanischen Ausbildung einmal dachte, das Schicksal herausfordern zu können. Wir machten eine sehr lange Trance-Reise zum Ursprung des Seins. Jeder musste vorsichtshalber vorher schriftlich festhalten, also versprechen, dass er zurückkommt, im Namen der Ausbilder, im Namen der Angehörigen und um meiner selbst Willen und Verantwortung (es gab anscheinend schon einschlägige Erfahrungen mit Kandidaten wie mir...). Dazu sollte jeder „Codewörter" angeben, für die es sich lohnt, zurückzukommen. Also Namen von Partnern, Kindern, Lieblingsessen etc., mit denen man im Zweifelsfall auch erinnert und zurückgerufen wurde, sollte man sein Versprechen doch „vergessen" haben- schließlich war es, wie gesagt, eine lange Reise.

Ich habe es nicht vergessen, ich habe versucht, es zu unterschlagen, störrisch zu ignorieren. So kam es, dass ich regelrecht rausgeschmissen wurde aus der

nichtalltäglichen Wirklichkeit, denn man ist nur Gast, hat sich dementsprechend respektvoll zu benehmen und vor allem - wie jeder gute Gast - auch irgendwann wieder zu gehen. Was ja nicht bedeutet, dass damit die Verbindung zur geistigen Welt gekappt ist, aber so weit ging mein Vertrauen damals noch nicht. Ergebnis war, dass ich wie ein kleiner Punkt irgendwo in meinem Körper steckte, unfähig, mich zu bewegen, nicht mehr dort war, aber auch nicht richtig hier. Anfangs fand ich das noch ganz angenehm, es entsprach meiner faulen Ader: einfach nichts tun zu *müssen.* Dann kam aber einer der Assistenten vorbei, die unsere Reise überwachten, was ich durchaus wahrnahm – auch, dass er den Zettel mit meinen Codewörtern aufnahm, las und mir ins Ohr flüsterte. Erst mal passierte nichts und dann plötzlich, war es dieses Gefühl, wie wenn man träumt, man fällt und entsetzt aufwacht, weil man auf der Erde aufschlägt. Es gibt einen richtigen Rums innen drin. Es war die unsanfteste Rückkehr, die ich je erlebt habe und das Gefühl des Aufschlagens und des Entsetzens hielt noch den ganzen Tag. Es war mir eine Lehre.

Wir haben hier einen Job - und zwar einen guten!

Seitdem habe ich viele Jahre geübt und kann sagen, wir können es wieder lernen, die Magie. Vermutlich sind wir hier, um uns wieder daran zu erinnern. Denn sie war nie weg. Die schamanischen Rituale, die Reisen in die nichtalltägliche Wirklichkeit, der Kontakt zu mitfühlenden Helfern sowohl in der alltäglichen als auch in der nichtalltäglichen Ebene, vor allem der Kontakt zur eigenen Seele ist wie ein Aufwachen aus einem langen Schlaf. Dann ist es auch nicht mehr notwendig, sich wegzuträumen oder zu fliehen. Dann haben wir unser „ZUHAUSE" immer dabei, in uns. Unser Job ist, die Magie wieder auf die Erde zu bringen.

WIR. SIND. VIELE.

Das Zurückholen verlorener Seelenanteile Teil II

Aus Erfahrung kann ich sagen, dass es immer einfacher ist, für andere schamanisch zu reisen als für mich selbst. So wertvoll das für sich selbst reisen ist, so sehr kenne ich doch meine blinden Flecken und Vermeidungsprogramme. So ist es auch mit dem Zurückholen von verlorenen Seelenanteilen. Ich bin neutraler und unvoreingenommener bei anderen Menschen.

Wie bei allen schamanischen Arbeiten gilt: Ich bin NUR Vermittler, Wanderer zwischen den Welten, Dolmetscher und Bote. Die Heilarbeit, in diesem Falle die Seelenrückholung machen die Spirits. Sie zeigen auf, welche Anteile mitzubringen sind, sie führen uns, zeigen uns, wo sie zu finden sind und geben auch ein Signal, wenn es für heute reicht. Seelenanteile können in allen drei Welten zu finden sein, in der mittleren Welt in der Vergangenheit, z.B. im Elternhaus oder oft finde ich sie auch in Obhut in der oberen oder unteren Welt. Meist sind sie in einem guten, transformierten Zustand – ich bringe also die Seelenanteile mit, aber nicht das Trauma, wegen dem sie gegangen sind. Manchmal sind sie ängstlich oder traurig, dann beruhige ich sie, bevor ich sie mitnehme. Seelenanteile zeigen sich meist so, wie der Mensch in dem Alter ausgesehen hat, hin und wieder auch mit einem Erkennungsmerkmal wie eine Kette oder einem Ring den der/diejenige gerade trägt. Aber es ist auch nicht wichtig, den Seelenanteil gestochen scharf zu sehen, ich lasse mich meist von meinem Gefühl leiten und frage vieles einfach auch mental ab. Habe ich Seelenanteile gefunden für jemand anderen, übergebe ich sie am Ende der schamanischen Reise meinem Gegenüber, indem ich sie über Herz und Scheitel einblase. Letztendlich zählen auch hier wieder die Absicht und die Richtung, in die ich die Energie lenke. So funktioniert eine schamanische Reise natürlich auch für jemanden, der nicht physisch anwesend ist in einer Fernbehandlung - dann bekommt er seine Seelenanteile natürlich trotzdem, auch ohne Einblasen. Wichtig ist nur, dass Du die Erlaubnis/den Auftrag desjenigen Menschen hast, zu reisen und eine Seelenrückholung zu machen. Dann kann er auch in seine in diesem Moment höchstmögliche (göttliche) Ordnung kommen. Wenn er es nicht erlaubt hat, ist es erstens totale Grenzüberschreitung, zweitens funktioniert es dann auch nicht. Ausnahmen sind bewusstlose, komatöse oder demente Menschen, aber auch die frage ich zumindest in der nichtalltäglichen Wirklichkeit, also während der schamanischen Reise, ob sie mir erlauben, ihnen zu helfen.

Testament an Mutter Erde

Richtig sterben will auch gelernt sein.

Es gibt allen Grund zu feiern, gerade jetzt, da es so spannend ist. Aber wo wir gerade am Leben sind:

Hast Du schon mal über den Tod nachgedacht, über Deinen ganz persönlichen, eigenen Tod? Und was dann geschehen soll? Hast Du vielleicht nicht nur darüber nachgedacht, sondern es auch niedergeschrieben oder zumindest jemandem mitgeteilt? Oder hast Du schon mal gefragt? Deine Eltern, Geschwister, Partner und Freunde? Nicht oft ist man so nah beieinander und so lebendig wie in solchen Gesprächen - wenn sie zugelassen werden - und wir stellen fest, wie wenig wir voneinander manchmal wissen.

Altes Wissen wie neu

Vor langer Zeit wussten wir einmal viel mehr über die Übergänge zwischen Leben und Tod, haben es zelebriert und den Seelen geholfen, den Übergang zu schaffen (- oder auch nicht, aber dazu kommen wir noch).

Im Schamanismus nennt man das Geleiten der Seele und das Begleiten Sterbender *Psychpompos*. Es war selbstverständlich, sich nicht nur um die sterblichen Überreste zu kümmern, sondern vor allem um das, was weiter existiert. In den alten Überlieferungen geht es dabei zwar weniger um den Inkarnationsprozess als um die Ehrung der Ahnen, aber wichtig war es, die Weisheit der Alten weiterleben zu lassen. Und es gab Fachfrauen und –männer, die Schamanen, die in dieses Wissen und in die Rituale eingeweiht waren.

Natürlich haben wir dieses Wissen auch benutzt. In allen Zeiten ging es auch um Macht, Intrigen, Missbrauch spiritueller Kräfte und um die Schwächung des Gegenübers in immer wiederkehrender Rivalität unter alten Magiern und Magierinnen. Unsere alten Täter/Opfer-Geschichten eben...

Wir wussten selbstverständlich, wie wir uns die spirituelle Kraft des anderen aneignen können à la Highlander.

Wir wussten, wie man Seelen festhält, damit sie gar nicht erst gestärkt und gereift wiederkommen können.

Damals

Ein sehr altes die Seele schwächendes Ritual war, den Leichnam getrennt von seinem Herzen zu begraben, dieses also vorher zu entfernen und entweder an einem anderen Ort oder gar nicht zu begraben. Es gibt viele Dinge, die man mit einem Herzen anstellen kann: Einlegen, verfüttern, essen...

Eine andere gern benutzte Gemeinheit war Ritter, Adelige und sonstige Mächtige einzumauern, tot oder lebendig. Geschwächt, verletzt und unter einem Hypnose-Bann war dann nicht nur der Körper, sondern auch die Seele gefangen.

Erstaunlich, in welchen Fassetten es heute immer noch zu finden ist und wie unbewusst wir damit umgehen, nicht-wissend, nicht-denkend und kaum reflektierend über die Ursprünge unseres Tuns.

Wir haben das Gefühl, das war schon immer so und es gab einfach keinen Anlass, etwas in Frage zu stellen, was unser Umfeld, die breite Masse und unsere engsten Freunde auch tun - aus demselben Grund wie sie umgekehrt: Gewohnheit

Wenn wir heute ein Organ spenden - und da geht es sehr oft um Herztransplantation – kommt das energetisch diesen alten Ritualen gleich. Worum es ja geht, ist auch der Zeitpunkt, wann nach dem Tod das Herz entfernt wird und da es ja frisch sein muss, ist es für die Seele meist zu schnell, um sich gut ablösen zu können.

Eine weitere Frage, die sich mir immer wieder stellt: Wenn alles, wirklich alles, in jeder Zelle wie in einem Universum abgespeichert ist und nun eine junge Seele das Herz einer alten Seele verpflanzt bekommt, was passiert dann? Wie verkraftet derjenige das?

Es ist großartig und lobenswert, was heute alles geht, was medizinisch erreicht wurde und wie Leben gerettet wird. Aber ist es das wirklich? Sitzen wir nicht einem Gedankenkonstrukt auf, das uns erlaubt, selber nicht denken zu müssen? Wäre das nicht alles komplett überflüssig, wenn wir es gewöhnt wären, Dinge energetisch zu lenken und zu programmieren? Es geht hier gar nicht um „Was-wäre-wenn"-Spielchen, sondern viel mehr um das, was kommen KANN, wozu wir doch fähig sind, wenn wir mal damit anfangen.

So viele Menschen kommen unter die Erde, verwesen mit all den Zusatzstoffen, Zahnfüllungen und Medikamenten intus, dass wir uns eigentlich wie die schönen neuen Sparlampen zum Sondermüll bringen müssten und die Frage wäre dann - wer ist quecksilberhaltiger? Aber stattdessen suchen wir oder unsere Angehörigen schöne chemisch behandelte Särge und verbuddeln uns, ein ganzer Industriezweig verdient sich daran eine goldenen Nase-nichtsahnend, dass es die Seele bis zu einem Jahr kostet, bis die sie sich mit all ihren feinstofflichen Körpern von dem physischen lösen kann. Die reinste Handbremse für die nächste Inkarnation.

(Geschichte in der Geschichte: Und wie es der Zufall so will, ruft in diesem Moment mein Vater an, um zu fragen, was ich so treibe. Als ich höre, dass er in diesem Moment dabei ist, seinen Nachlass zu sortieren, damit ich *dann* auch alles finde, erzähle ich ihm, woran ich gerade sitze. Eine merkwürdige Stimmung macht sich breit, fast ein bisschen Scham, denn wir sind es nicht gewöhnt, darüber zu reden. Sein Wunsch nach Erdbestattung überrascht mich nicht, auch nicht, dass es mich jedes Mal unangenehm berührt, dass er sich von mir so gar nichts sagen lässt.

Man könnte meinen, eine Fachfrau in Sachen Seelenbegleitung wäre gefragt, willkommen oder zumindest geduldet...ich kann einem Journalisten, der mein Vater ist, nicht *beweisen,* dass an meinen Behauptungen was dran ist... tja es ist okay. Auflegen, tiefes Luftholen und trotzdem braucht es Minuten, bis mich der Nebel der alten Energie seines Denkens verlässt und ich wieder mit dem Herzen sehen kann.)

Den Körper verbrennen, also einäschern, hingegen unterstützt uns bei dem Übergang, leicht und schnell rauszukommen und uns komplett zu lösen. Denn auch wenn der Körper „nur" die Wohnung der Seele ist, so sind wir doch stark verwoben und wie oben schon aufgezeigt, sind alle Informationen auch in den Zellen abgespeichert. Durch das Verbrennen wird auch diese Energie wieder frei und gleichzeitig fällt der Verwesungsprozess weg, d.h. allen ist geholfen.

Close your eyes. Fall in love. Stay there (Rumi)

Eine Übung

Das süße Nichts oder die unerträgliche Leichtigkeit des einfach mal da Seins
Wohlfühlen hat für uns ganz viel mit Runterbremsen und Innehalten zu tun. Dass wir das so dringend nötig haben, ist ja auch kein Wunder. Kleine leidenschaftliche Fürsprache für die 10 Minuten NICHTS.

Ich bin schon wieder über einen Menschen gestolpert, der auf sein Handy starrend stehen geblieben ist. Ein Phänomen unserer Zeit. Wir tun das immer mehr - mindesten zwei Dinge gleichzeitig und dann kommt früher oder später eins von beidem oder meist beides zu kurz. Es hat etwas Zwanghaftes, vieles gleichzeitig zu tun, es ist das Multitasking-Zeitalter. Wir trinken Coffee-to-Go, wir lesen Zeitung (als App) und hören parallel Musik in der Bahn, wir fahren Auto und telefonieren dabei, sehen fern und beantworten gleichzeitig Mails, im Fitnessstudio schwitzen wir auf dem Laufband mit Stöpseln in den Ohren, um die neuesten Börsenkurse zu verfolgen.

Immer online, informiert, bespaßt und in Bewegung.

Und ganz weit weg von uns selbst. Und auch von all den anderen, die direkt neben uns stehen. Vor lauter Netzwerken mutieren wir noch zu autistischen Eremiten – zwischen Millionen Menschen. Wer soll sich da noch selbst hören? Wer sieht noch die kleinen Dinge am Wegesrand? Warum fällt es uns immer schwerer innezuhalten? Ist es wirklich nur die Stadt, die uns dazu macht?

Wären wir anders, wenn wir auf ein Schweizer Bergpanorama (mit Kuhglockenbeschallung) schauen würden?

Hand aufs Herz (und das darfst Du gern wörtlich nehmen): Ist es nicht eine Entscheidung, die wir treffen, jeden Tag aufs Neue, jeden Moment? Ist das nicht ein Automatismus, dem wir irgendwann *unbewusst* zugestimmt haben? Haben wir wirklich keine Zeit mehr? Dann ist es wohl mal wieder an der Zeit auszumisten, unsere Zeit zu entmüllen von Dingen, die eigentlich gar nichts mit uns zu tun haben, die unsere Sinne zukleben und das Hirn vernebeln. Nichts ist so wichtig, dass es uns permanent von uns fernhält.

Kleiner Seelenknigge: Wenn wir gehen, gehen wir und nichts anderes. Gucken und lächeln ist erlaubt (erwünscht). Kaffee, Sojalatte etc. NUR im Sitzen zu sich nehmen, Essen auch. Das „To Go" ist eine Unart, ungesund und produziert Müll. Handy bleibt aus. Wenn wir essen, essen wir. Punkt. NUR Musik hören, nicht nebenbei, sondern mit Hingabe. Oder auch anders rum, was immer Du tust, tu es auch mal ohne Musik. Stille ist Balsam für die Seele.

Seelenfasten. Meine heißgeliebten täglichen 10 Minuten NICHTS. Hinlegen und Frieden geben, im Zweifelsfall mit Wecker. Das ist natürlich ausdehnbar, aber wer es gewohnt ist, drei Sachen gleichzeitig zu machen, sollte langsam starten. Nichts denken ist nämlich gar nicht so einfach.

Debesetzung und Extraktion

Um Menschen in ihre in diesem Moment höchstmögliche (universelle/göttliche) Ordnung zu bringen, gibt es aus schamanischer Sicht zwei ganz elementare Handlungen: Zurückbringen was fehlt UND entfernen, was da nicht hingehört. Es ist diese Nicht-Ordnung, die uns physisch krank werden lässt. Sind wir in der Ordnung, entwickelt Körper auch keine Symptome, um um Hilfe zu rufen. Neben dem Zurückholen von Seelenanteilen, dem Holen von Krafttieren zur Unterstützung, dem Einholen von Informationen und Rat steht immer das Entfernen von Dingen, die stören, bremsen oder gar blockieren. Meist sind wir voll damit, wenn wir nicht gelernt haben, uns regelmäßig energetisch zu reinigen. Alte verbrauchte Energie, Selbstsabotage Programme, Fremdenergien, Verstorbene, die noch anwesend sind und schmarotzende und manipulierende Wesenheiten. So wie es in der schamanischen Welt helfende, empathische und weise Wesenheiten gibt, gibt es natürlich auch die nicht so guten. Um es verständlicher zu erklären: Unser biologisches System ist ein Spiegel unseres energetischen Systems. Wir haben ein physisches Immunsystem genauso wie ein energetisches. Wir haben gute überlebenswichtige Bakterien und es gibt die, die krank machen. So auch mit den nicht sichtbaren Wesenheiten, die stören, schmarotzen oder gar sehr krank machen können. Seit Jahrtausenden wissen Schamanen darum und was mancher vielleicht aus Filmen kennt, sind die Szenen, in denen gezeigt wird, wie aus Körperteilen etwas ausgesaugt oder raus „operiert" wird, meist ohne wirkliche physische Wunden. Erstaunlich, dass Menschen, die das erfahren haben, von großer Besserung ihrer Schmerzen bis hin zu Heilung berichten. Das ist gar nicht so abwegig oder Hokuspokus, wie es in den Medien dann oft dargestellt wird. Denn unterm Strich ist alles Energie und blockierte Energie, manifestiert sich auch auf der grobstofflichen Ebene. Entfernt man die energetische Blockade, kann auch der Körper heilen. So verschwinden manchmal Krankheiten oder Tumore wie von Geisterhand und die Schulmedizin staunt. Umgekehrt, wenn man etwas herausschneidet, wie z.B. einen Tumor und die energetische Blockade wurde nicht gelöst, bildet der Körper meist diesen Tumor an dieser oder anderer Stelle wieder aus.

Wir haben leider verlernt damit umzugehen oder es in unserem wissenschaftlich geprägten Denken überhaupt zuzulassen. Damit nehmen wir uns aber auch selbst die Chance, wirklich heil zu werden. Die Menschen, die zu mir kommen, sind zu geschätzt 95% das, was die Psychologie „hochsensibel" nennt. Das ist ein nettes Wort, noch dazu sehr in Mode, da es, den Spirits sei Dank, sich auch immer mehr verbreitet bzw. Mensch sich heute eigestehen darf, dass er es ist – früher galt es einfach als Schimpfwort, als Makel, es war eine Schwäche, vor allem bei Männern. Diese Menschen sind energetisch beschrieben einfach sehr feinstofflich. Sie haben eine hohe Schwingung und sind in ihrer emotionalen Intelligenz und der damit einhergehend starken Empathie sehr entwickelt. Dadurch sind sie so spürig, dass sie oft wahrnehmen, wenn die Energie in einem Raum nicht stimmt oder dass etwas an ihnen klebt, dass sie sich was „eingesammelt" haben. Ich kann es Menschen oft auf der Straße ansehen. An mir selbst merke ich es, wenn die Energie runter geht, sich meine Laune verändert ins Destruktive und ich auch merke, dass bin jetzt gerade nicht ich selbst, nicht nur ich. Oft geht dann auch alles schief, ich laufe überall dagegen, lasse Dinge fallen und verschütte Getränke etc. Ich fühle mich nicht gut, bin nicht bei mir, stehe neben mir und bin kaum noch geerdet. Das wahrzunehmen ist natürlich auch eine jahrelange Übung, da Achtsamkeit in unserem Funktions- und Leistungsmodus meist nicht vorkommt.

Wenn ich Fremdenergien entferne, mache ich das, schon zum Selbstschutz, nicht über Aussaugen oder dergleichen, sondern genauso über die schamanische Reise wie bei Seelenrückholung und natürlich NUR mit Hilfe meiner Spirits! NUR! Es ist gut, immer Helfer an seiner Seite zu haben, die sozusagen auf Augenhöhe mit den jeweiligen „Dämönchen“ und „Monsterchen“ sind, die in ihrer Kraft diesen destruktiven Energien gewachsen sind. Und Finger weg davon, wenn Du es (noch) nicht gelernt hast, von wegen „die Geister, die ich rief, werde ich nun nicht wieder los...“

Es gibt viel Geunke, gerade im Internet in seltsamen Foren, wie gefährlich schamanische Reisen sind, und dass man niemals und überhaupt... NEIN, das ist Blödsinn, wir leben in einer Welt, die immer noch sehr viel über Angstmacherei, Verunsicherung und Manipulation funktioniert und Menschen, die so etwas so allgemeingültig schreiben, scheinen genauso aufgewachsen und konditioniert zu sein! Also glaub nicht alles, was Du liest, aber tue auch nichts, dem Du Dich nicht gewachsen fühlst. Es gibt Dinge, die sollte man einfach lernen. Du machst ja auch keine OP am offenen Herzen, nur weil Du Dir ein paar Videos auf YouTube angesehen hast.

Alltagstipps für die energetische Sauberkeit: Es ist manchmal so simpel, für sich zu sorgen, dass wir es leider einfach vergessen oder nicht ernst nehmen. Dann kommt noch dazu, dass viele von uns an nichts mehr glauben. Etwas, das Seele wirklich arm macht, wenn sie nichts nährt. Es macht die eigene Welt klein, es gibt dann nur die alltägliche Wirklichkeit, das klingt schon so dröge...denn die Energie folgt den Gedanken, die Energie kreiert Deine Wirklichkeit. Wenn Du also daran glaubst, dass es Dir hilft, Dich gedanklich jeden Morgen zu schützen, Dich für den Schutz zu bedanken, für Erdung und Klarheit den ganzen Tag, wenn Du abends genauso auch für Reinigung und die Hilfe, in Deine höchstmögliche (göttliche) Ordnung zu kommen, Danke sagst, eventuell Deine Aura mit weißem Salbei oder anderem räucherst, auch dabei Dir vorstellst, wie aller Dreck verschwindet, dann wird es passieren, Deine Spirits werden es feiern, für Dich da sein zu dürfen. Wenn Du es nicht glaubst, die Energien dementsprechend nicht lenkst, wird es eben auch nicht passieren.

Es gibt viele Reinigungsrituale. Räuchern, rasseln, trommeln reinigt, in Salzwasser ein (Fuß)Bad nehmen, Affirmationen... da gibt es kein richtig oder falsch, die schönsten Rituale sind immer die, die Du selbst nach Deinem Geschmack und aus dem Herzen selbst erfindest, dann ist es 100% Deins. Natürlich kannst Du Dich inspirieren lassen, wie andere es tun, aber lass Dich niemals einschüchtern, weil jemand sagt, das MUSS man genau so und nicht anders machen. Wichtig ist nur, es zu konditionieren, es alltäglich zu machen und wenn Du dafür, um es nicht zu vergessen, Post-It Zettel an die Wohnungstür oder ins Bad klebst wie: „Heut schon geschützt/geerdet?“ oder „Auch energetisch clean?“

Allerdings gilt natürlich auch, dass wir uns vor Dingen, die uns betreffen, die wir anziehen bzw. erleben sollen, weil es dem Lernprogramm von Seele dient, nicht schützen können. Manchmal müssen wir Menschen treffen, die uns verletzen, manchmal müssen wir krank werden oder uns anderen Herausforderungen stellen, manchmal müssen wir ganz tief fallen und kleine Tode sterben, um dann wie Phönix aus der Asche wieder aufzuerstehen, größer, weiser und innerlich schöner – wenn wir bereit sind, daraus zu lernen, es konstruktiv für uns umzuwandeln und immer wieder zu fragen: „Was hat das mit mir zu tun? Was ist mein Anteil und was kann ich ändern, damit es mir besser geht oder die Situation leichter wird?“ Wir könne uns nicht vor dem Leben schützen!

Heilen mit schamanischer Medizin Teil I

Eine Reise zu Mutter Ayahuasca
Eine Reise in die Tiefen der Seele...denn es geht immer noch tiefer

Es gibt viele Möglichkeiten, sich in Trancezustände zu versetzen, angefangen bei der Alltags-Trance Gewohnheit, über Tanzen wie die Sufis, mit Hilfe entspannter Stille oder monotonen Klängen. Das kann das Zugrattern oder vorbeirauschende Landschaft genauso sein, wie Klangschalen oder schamanisches Trommeln, wie ich es nutze.
Und dann gibt es Pflanzen, die Trancezustände und Visionen auslösen.
Auch bei uns gibt es die, aber wir haben viele unserer alten Traditionen und Rituale vergessen. In anderen Kontinenten wie Afrika oder Südamerika ist das sehr lebendig und immer mehr Europäer machen sich auf ihrer Suche nach Heilung und Sinn auf den Weg dorthin oder noch einfach, suchen Schamanen auf, die es hier anbieten. Das ist hier nicht legal, weil es unter das deutsche Betäubungsmittelgesetz fällt, was aber wenige abzuhalten scheint, es trotzdem anzubieten bzw. aufzusuchen. Wenn man sieht, wie viele Menschen an legalen Drogen wie Alkohol, Nikotin und degeneriertem Essen sterben, darf man sich auch die Frage stellen, ob nicht manches, was Mensch per Gesetz in „Gut“ und „Böse“ einteilt, überdenkenswert wäre. Marihuana hat bereits (wieder) seinen klitzekleinen Platz in der Schulmedizin gefunden, zu Recht und noch viel zu wenig, wenn man sieht, wie sehr es Krampf- oder Schmerzpatienten hilft.

Eine von diesen schamanischen Pflanzen (genaugenommen sind es zwei, die zusammenwirken) ist Ayahusca, mit der ich mich über viele Jahre intensiv beschäftigt habe. Über sie und meine erst Erfahrung mit ihr, möchte ich hier auch erzählen.
Es gibt Kliniken wie z.B. in der Schweiz, die für psychische Erkrankungen oder auch für Menschen, die in der Schulmedizin als austherapiert gelten, intensiv mit Ayahuasca arbeiten und es in Anwendung und Wirkung testen.

Die Medizin und die Wesenheit
Ayahuasca ist eine Medizin des Amazonas, die über viele Stunden/Tage gekocht wird und aus zwei Haupt-Pflanzen besteht: das eine ist die Liane, die den gleichen Namen trägt und Blätter des Chakruna-Strauchs und dann noch anderen Pflanzen, die variieren und nur den zuständigen Schamanen bekannt sind. Die Schamanen selbst nutzen es, um über Visionen zu erfragen, wie sie Hilfesuchende heilen können. Aber auch Kinder und Tiere bekommen es in kleinen Dosen verabreicht.
Was chemisch im Körper abläuft, können Dir Fachmenschen besser erklären als ich.
Interessant ist zu erwähnen, dass die Stoffe, die die bewusstseinserweiternde und heilende Wirkung von Ayahuasca ausmachen - MAO-Hemmer (*Monoaminooxidase*) und DMT (*Dimethyltryptamin*) - in unserem Körper selbst auch gebildet werden.
Es ist also nichts Fremdes wie vieles andere, was wir uns tagtäglich zuführen und der Körper kann es hervorragend verstoffwechseln. Vor der Geburt und beim Sterben kennt der Körper den Zustand in dieser konzentrierten Form (deswegen nennt man es auch gerne „den kleinen Tod") und in wesentlich schwächerer Form beim Träumen und geübten und intensiven Meditieren und Trommelreisen.
Es besteht weder eine Gefahr der Abhängigkeit, noch unangenehme Neben- oder Nachwirkungen. Nichtsdestotrotz halten sich viele Horrorgeschichten und Vorurteile. Wenn man aber genauer recherchiert – und das habe ich – stellt man fest, dass, wenn doch etwas passiert ist, es unschöne Nachwirkungen gab oder sogar jemand gestorben ist, dann waren a) andere Stoffe mit im Spiel, d.h., es wurden verschiedene Drogen gleichzeitig genommen oder b) es war unsachgemäß und dilettantisch gekocht, besser unrein gepanscht.

Das Wichtige aus schamanischer Sicht ist noch vor den biologisch chemischen Heilstoffen in der Medizin, die Energie, die Wesenheit dahinter, der Geist der Pflanzen, auf die man sich einlässt, wenn man es trinkt. Aufgrund der mitfühlenden und liebevoll strengen, aber immer heilsamen Energie, wird sie als weiblich - als Mutter - empfunden und geehrt.

Mein Erfahrungsbericht:

Die Reise dahin

Seit Tagen hatten ein Freund und ich uns vorbildlich an die vorgegebene Diät gehalten und fühlten uns abgesehen von der leichten Nervosität, etwas schwach und unausgeglichen, dünnhäutig.

Die Diät ist wichtig zur physischen Reinigung genauso wie zur energetischen Einladung der Wesenheit. Man hungert das Ego aus und begibt sich auf eine reinere und leichtere Schwingungsebene, die es der wesentlich ätherischeren Pflanzenfrequenz ermöglich, überhaupt Kontakt mit uns aufzunehmen.

Über ein Jahr lang hatte der Freund mich gefragt, ihn zu begleiten auf diese Reise. Zu Mutter Ayahuasca. Als ich dann auf einmal ja sagte, sah er mich ganz überrascht an und auch ich traute meinen Ohren kaum. Aber es war so weit, ich habe das nie vorgehabt, nie angestrebt, schon meiner Angst vor Drogen und dem Kontrollverlust wegen. Aber noch größer war vermutlich meine Angst, dass alles, woran ich bisher geglaubt hatte, wofür ich gearbeitet habe, hinfällig werden könnte. Dass es mein Weltbild erschüttern und ich mir im schlimmsten Falle einen neue Beschäftigung suchen müsste.

Denn immerhin arbeite ich selbst mit schamanischen Heilweisen in meiner Praxis. Was, wenn ich nun feststellen muss, dass meine Trommeltrance Visionen nichts wert sind?

Da nur 10-20% der Schamanen weltweit mit bewusstseinserweiternden Pflanzen arbeiten, stand es für mich nie im Vordergrund. Ich konnte ja auch so schon immer gut „Bilder gucken“. Aber nun war es anscheinend an der Zeit, den nächsten Schritt zu tun und den Horizont zu erweitern im wahrsten Sinne des Wortes.

Und es kommen doch wirklich immer die richtigen Hinweise, „zufällig" die richtigen Bücher oder eben Freunde zum richtigen Zeitpunkt vorbei und dann ist es gut, dem Impuls zu folgen. Ich bin damit immer gut gefahren.

Es war also soweit. Dass ich großes Vertrauen in den Freund und damit auch zu den Schamanen hatte, in deren Obhut wir uns begeben würden, half natürlich sehr. Ich wusste, er würde mich nicht an einen ungeborgenen unseriösen Ort schleppen, da er selbst eher ein vorsichtiger Mensch ist.

Auf die Wesenheit der Pflanze war ich inzwischen richtig neugierig, immer mit diesem Bild im Kopf, dass ich mich an der Hand „der großen Mutter“, wie Ayahuasca auch genannt wird, einfach noch weiter hinauslehnen kann ins Universum. Noch mehr sehen und vielleicht auch verstehen.

Meine Erfahrung zeigt, dass man nicht über den Kopf oder über die Vernunft heil werden kann.

Die Seele wächst nicht daran, dass man Formeln auswendig lernt, sondern dann, wenn man es schafft, sie ganz tief zu berühren.

Die Reise nach innen

Als es dann so weit war, war ich ganz ruhig. Die Anwesenheit der Gruppe, der Schamanen, die Geräusche um uns, mein Freund neben mir...es war einfach alles ganz richtig und ich war froh, dass es losging.

Es schmeckt wirklich nicht gut, ist sehr bitter und manche bekommen dann schon den ersten Würgereiz. So wie ich es das erste Mal erlebt habe, fand es im Stillen und nachts, also im Dunklen statt, worüber ich damals sehr dankbar war, denn so konnte ich mich nach innen richten. Später habe ich an Zeremonien teilgenommen, die, sagen wir, authentischer waren, mit schamanischen Gesängen (Ikarus), wesentlich anstrengender, sitzend und innerlich arbeitend die ganze Nacht. Aber zurück: Wir haben meditiert und gewartet, vielleicht eine Stunde. Meine Sinne wurden immer geschärfter, ich hatte regelrecht Wolfsohren und dann konnte ich sie - Mutter Ayahuasca - körperlich spüren. Sie tastet sich durch den Körper, an manchen Stellen blieb sie lange, was sich anfühlte, als wenn eine Hand mit einem bestimmendem Druck aufliegt, nur eben unter der Haut oder sogar auf Organen. Heilsam.

Bilder aus der Kindheit tauchten genauso auf wie große universelle Einblicke, ich bin viele Tode gestorben, ich habe viele Fragen stellen dürfen und viele Antworten bekommen. Und auch wenn ich mich im Detail nicht an alles erinnere, ist bis heute ein Gefühl von Gewissheit, Sinn und Verbundenheit in mir. Nichts, was man mit dem Kopf erklären kann. Ein Urvertrauen, eine Gelassenheit, alles ist ein bisschen weniger wichtig. Meistens jedenfalls.

Es ist jedes Mal eine andere Erfahrung, wenn man Ayahuasca trinkt und jeder Mensch erlebt es anders. Es ist maßgeschneidert auf Körper Geist und Seele. Deswegen ist kein Erfahrungsbericht allgemeingültig.

SIE entscheidet was dran ist. Manchmal übergibt man sich nur oder bekommt Durchfall und es ist „Großreinemachen" angesagt. Manchmal ist sie streng und konfrontiert mit Unliebsamem, manchmal ist es Liebe pur.

Manchmal von allem ein bisschen. Es war mir alles in allem sehr vertraut. Ich hatte zu jedem Zeitpunkt das Gefühl, es hat was mit mir zu tun, es ist authentisch, es ist ehrlich und genau das, was ich gerade brauchte. Und nie zu viel.

Zwar bin ich beim Rauslehnen ins Universum auch mal gefallen, aber sie hat mich jedes Mal wieder aufgefangen, die Mutter. Es hat mich größer gemacht, oder nein, genauer, sie hat mir gezeigt, wie groß ich immer war - wir alle sind - und das hat meine eigenen Trommelreisen reicher gemacht. Denn einmal getroffen, kann ich sie nun auch so kontaktieren, wann ich will, sie ist nie

wieder ganz gegangen. Und ich weiß jetzt, meine Seele kann sehr gut mit aber auch ohne Hilfe fliegen.
Ayahuasca ist kein Allheilwundermittel und es ist auch nicht immer witzig. Das muss man wollen.
Hinweis: DTM fällt in Deutschland unter das Betäubungsmittelgesetz und es ist mit Sicherheit kein Aufruf, Drogen aus Spaß und Entertainment zu konsumieren.
Diese Pflanzen sind heilige Geschenke von Mutter Erde an uns. Die Anwesenheit eines erfahrenen Schamanen möchte ich unbedingt an- und von lapidar angebotenem Ayahuasca-Tourismus/Sessions abraten. Deswegen gibt es an dieser Stelle auch keine Liste von Adressen, wo man schnell so was buchen kann. Es ist sinnvoll, sich zu informieren, das Gespräch mit Fach-Menschen zu suchen und es nur zu tun, wenn es einen ruft.

Heilen mit schamanischer Medizin Teil II

Da dies kein wissenschaftlich fundiertes sachliches Buch ist, sondern einfach mein Erfahrungs- und Lesebuch, schreibe ich auch nur über Dinge, die ich selbst erfahren habe, natürlich immer mit dem Hinweis, dass das weder eine Aufforderung zum Nachmachen noch Allheilmittel sind, auch nicht für jeden geeignet und die Beschreibungen ist rein subjektiv. Aber da ich aus meiner Praxis weiß, wie viele Fragen in den Menschen stecken, manchmal fast bis zum Platzen und sie froh sind, wenn sie mich hemmungslos ausfragen dürfen, erzähle ich hier auch hemmungslos von meinen Erfahrungen mit schamanischer Medizin. Ayahuasca nenne ich meine zweite schamanische Ausbildung, denn damit habe ich vier Jahre intensiv gearbeitet und einiges geheilt und weit weit ins Universum hinausgeschaut. Es blieb natürlich nicht aus, dass mir darüber auch andere südamerikanische und auch afrikanische pflanzliche Medizinen begegneten.

Kambo ist ein Froschgift. Gewonnen wird es aus dem Hautsekret des Riesenmakifrosches im Amazonasgebiet, das er absondert, wenn er geärgert wird. Wenn die Indigenen sein Gift „ernten", fangen sie ihn ein, spreizen seine Beine und kitzeln ihn. So können sie das Sekret einfach mit einem Holzstab von seiner Haut abstreifen und trocknen. Der Frosch wird danach wieder frei gelassen. Es ist also ein Abwehrstoff, eine Biowaffe, bestehend aus über 100 chemischen Substanzen, die nur eine ganz leichte psychoaktive Wirkung haben. Es versetzt vielmehr das Immunsystem in Alarm, stärkt es hierdurch und reinigt physische und energetische Körper enorm, soll bei Süchten und Depressionen helfen, ist eine Art „Resett Taste" fürs überlastete und überreizte System. Ein

Freund von mir wurde z.B. darüber aus Versehen seinen Heuschnupfen los, gemacht hatte er es eigentlich wegen etwas ganz anderem. Ein netter Nebeneffekt. Mein Schamane, bei dem ich war, benutzt es statt Antibiotika genauso wie bei einer aufziehenden Erkältung regelmäßig.

Da es bisher nicht illeagisiert wurde, kann man es auch bestellen und selbst zu Hause machen. Davon rate ich natürlich ganz dringend ab, denn wie bei allen schamanischen Ritualen geht es um den Geist, mit dem man arbeitet und den sollte man zu handhaben wissen. Es gibt schon einiges zu beachten, um seine Gesundheit nicht zu gefährden.

Die Zeremonie Mein Schamane baut seinen Altar auf, singt und räuchert. Wir müssen mindestens zwei Liter Wasser trinken, mehr oder weniger auf Ex. Vorher haben wir 12 Stunden gefastet. Und wir haben einen Eimer neben uns stehen, der sollte nicht zu klein sein...dann geht er rum und brennt mit einem kleinen glühenden Holzstab Punkte in die Oberhaut, die Anzahl der Punkte bestimmt dann auch die Stärke/Intensität des Giftes. Bei Frauen eher am Unterschenkel, bei Männern am Oberarm wegen der Nähe zum Herzen, aber auch das ist variabel. Das tut nicht sehr weh, es britzelt nur ein bisschen. Dann geht er wieder rum und kratzt die verbrannte Haut ab. Das klingt schlimmer als es ist. Es ist nur die oberste Hornhaut, es blutet nicht, aber genug, dass dann das Froschgift, mit einem Holzspatel auf die Punkte aufgetragen, sofort in den Organismus geht. Und hier kann ich wieder nur meine eigene Erfahrung und die meiner Mit-Teilnehmer teilen. Es hat bei mir keine fünf Minuten gedauert, dass mir furchtbar heiß wurde, ich bekam einen knallroten Kopf und gefühlt Froschlippen, es schwillt alles an - und nein, das Gefühl war nicht schön. Alles ist in Alarm, das Immunsystem schreit, es ist immerhin ein Gift - wäre ich alleine gewesen und nicht so gut betreut, ich hätte Panik bekommen...noch mehr Panik. Neben mir übergab ein Mädchen schon den ersten Schwall Wasser in den Eimer. Ich kämpfte und schwitzte und atmete mit meinen Ängsten. Erst als der Schamane mir mit einen Tepi, einem Bambusstäbchen, Rapé - schamanischen Schnupftabak - in die Nase geblasen hatte, konnte ich mich übergeben und ab da wurde es sofort leichter und ich wieder ansprechbarer. Ich habe bestimmt noch mal drei Liter Wasser getrunken, mich immer wieder übergeben und unser Schamane war sehr interessiert an der Farbe des Inhalts im Eimer, eigentlich ja nur mit Wasser und Galle und ?, da es viel über den Gesundheitszustand bzw. den Entgiftungsprozess aussagt. Klingt nicht sehr appetitlich, aber man kotzt wirklich jahrelangen Raubbau am Körper und energetische Blockaden aus. Nach ungefähr einer Stunde ist es vorbei, dann beginnt eine Art Erschöpfungs-, Dämmer- und Regenerationsphase und nach drei-vier Stunden bin ich spazieren gegangen, körperlich komplett geschafft, aber auch leicht und froh. Für die vollständige Wirkung macht man diese Zeremonie drei Mal hintereinander innerhalb weniger Tage. Einmal reicht definitiv nicht, um so etwas wie ein Ergebnis zu spüren. Die Schamanen wissen schon, was sie seit Jahrtausenden tun.

San Pedro ist ein Kaktus aus dem Andengebiet, also ebenfalls eine von den peruanischen Schamanen genutzte Medizin. San Pedro ist leicht zu züchten, genügsam und wächst für einen Kaktus recht schnell, was auch Gründe für seine Beliebtheit sind. Er wirkt psychoaktiv u.a. durch Meskalin, tonisierend und aphrodisierend. Er wird frisch gekocht oder getrocknet eingenommen. Ich kenne ihn als hochkonzentriertes Pulver, das in Wasser aufgelöst getrunken wird. Es schmeckt auch bitter, ist aber für Menschen, die Ayahuasca kennen, ein Spaziergang in Sachen Geschmack und Würgereflex. Die Wirkung setzt nach einer Stunde ungefähr ein. Und hier beschreibe ich wieder meine ganz persönlichen Erfahrungen. Gerade die ersten Male, die ich San Pedro, natürlich immer im Rahmen einer schamanischen Zeremonie und in geschütztem Raum mit einem erfahrenen Schamanen zu mir genommen habe, empfand ich San Pedro als sehr mühsam, es ging mir anfangs gar nicht gut, emotional die volle Blockade. Atemnot, Angst, das große Heulen...ich würde rückblickend resümieren, alles, was da eben in mir festgehalten hat. Denn San Pedro ist auch ein Geschenk in Sachen Herzöffner, aber wenn das eben zu ist, verletzt ist, dann müssen da ein paar Mauern niedergerissen werden und das tut weh. Mir wurde damals San Pedro sozusagen als Gegenüber von Ayahuasca vorgestellt. Aya ist in seiner Energie weiblich und mütterlich, nach innen gerichtet, auch streng und nachts durchgeführt, dem nach außen gerichteten männlichen väterlichen Kaktus gegenüber, der so wie ich es kenne, tagsüber genommen wird. So habe ich einige Ayahuasca Zeremonien erlebt, an denen morgens anschließend gleich bei Sonnenaufgang der Kaktus gereicht wurde. Durch die Arbeit und Reinigung der ersten Zeremonie ist man schon aufgeweicht auf allen Ebenen, physisch gereinigt und Magen und Darm leer, das sind sehr gute Voraussetzungen für eine intensive Erfahrung. Wenn dann das Herz offen ist, sind die Sinne unglaublich scharf und gleichzeitig ist es ein Gefühl von All-Liebe. Nach einer Zeit der Stille kam meist ein inniger Austausch mit den Teilnehmern, jedes Lebewesen wurde bestaunt und geradezu „nieder"geliebt. Auf einem Retreat in Südafrika gab es sehr viele Tiere auf dem Gelände, von Hunden und Katzen, über Esel, Ziegen und Gänsen, eben auch alle Arten von Käfern und Spinnen und ich saß gefühlt Stunden da, habe sie angeschaut und gestreichelt und hätte weinen können vor Glück. Wir haben aus vollem Herzen Bäume umarmt und ihnen unser Leben erzählt. Nicht das ungesündeste Gefühl, möchte ich meinen. Es war auch Tage/Wochen danach das Paradis, wenn da nicht nur der Alltag wäre, der mich irgendwann wieder hatte...

Rapé ist ein schamanischer Schnupftabak, den ich durch die Ayahuasca Zeremonien kennengelernt habe. Es ist ein feingemahlenes Pulver aus Mapacho, dem Ur-Tabak und Kräutern aus dem Amazonas. Es gibt es aber auch ohne Tabak und wird mithilfe von kleinen gebogenen/geknickten Röhrchen aus Bambus oder ausgehöhlten Knochen in die Nase eingeblasen. Tepi ist der Applikator, mit dem ein Mensch dem anderen das Rapé einbläst oder auch „einschießt", der Druck sollte hoch und schnell sein. Kuripé sind die Applikatoren für den Selbstgebrauch, sie sind kleiner, so dass man ein Ende ins Nasenloch einführen und das andere selbst mit dem Mund erreicht und sich das Rapé verabreichen kann. Es sollten immer beide Nasenlöcher „beschossen" werden. Meine erste Erfahrung war durch eine Schamanin bei einer Ayahusca Zeremonie, sie fragte mich, ob ich möchte und ich hatte keine Ahnung, was mich erwartet. Dieses erste Gefühl werde ich nie vergessen, denn es war, als wenn es mir die Schädeldecke anhebt, es geht direkt ins Hirn und normalerweise spürt man sein Gehirn ja nicht wirklich, das allein war schon ver-rückt. Für mich fühlte es sich an, als wenn mein Gehirn kribbelt, ganz weit wird und als wenn alles, was da nicht hingehört, ich nenne es gern meine Gedanken Parasiten, fluchtartig raus schießt. Es hat mich auf die Matte zurückgeworfen und die bereits nachlassende Wirkung des Ayahuascas noch mal belebt, auf eine angenehme erweiternde Weise und Erkenntnisse unterstützt.

Rapé gehört heute nach vielen Jahren immer noch zu meiner regelmäßigen schamanischen Praxis, es reinigt mich nach einem langen Klienten Tag von Fremdenergien und von meinen eigenen Hirngespinsten. Es ist natürlich nicht so intensiv wie mit Kambo oder Ayahuasca, aber es hilft mir als Seelenbegleiter, mir selbst zu helfen - was ja, wie wir wissen, der schwierigste Job ist.

Das ist nur ein winziger Auszug und es gibt auch noch zwei, drei Pflanzengeister, die ich treffen durfte, aber die ich entweder zu wenig kennengelernt habe, um für mich Vergleichswerte zu haben oder mit denen ich mich nicht „warm" geworden bin. Und dann gibt es natürlich noch ganz viel Medizin, die in meinem kleinen Universum (bisher) nicht aufgetaucht sind.

Das Medizinrad Teil I

Running Bear schaute prüfend in den Himmel. Der leichte Wind, die Form der Wolken und das unruhige Rufen der Vögel kündigten ein Unwetter an. Abschätzend schaute er auf die Berggipfel in der Ferne und wusste, es würde knapp werden, rechtzeitig im Lager zu sein. Sein Pferd Thunderbird war nicht mehr das Jüngste, er hatte es als Kind bekommen und sie vertrauten sich gegenseitig blind. Er wollte es nicht unnötig anstrengen. So bereitete er sich vor, sein Nachtlager in einer der Höhlen aufzuschlagen, die die Ahnen schon genutzt hatten.

Steve Miller schaute missmutig auf seine Uhr, fünf Minuten wartete er nun schon auf seinen nächsten Kunden. Er stand vor einem 36-stöckigen Luxushochhaus, in dem kein Appartement unter einer Million kostete, dementsprechend hoch war die Provision und dementsprechend hoch war der Druck. Steve schluckte eine Pille gegen seine Magenbeschwerden, wahrscheinlich ein Geschwür - er hatte noch keine Zeit gehabt, sich durchchecken zu lassen. In dem Moment als er zur Wasserflasche greifen wollte, klingelte sein Handy. Mit zitternden Fingern nahm er das Gespräch an, sein Chef war am anderen Ende der Leitung.

Als Running Bear am nächsten Morgen aus der Höhle kam, war es noch fast dunkel, aber er sollte sich auf den Weg machen, da er als Leiter der Medizinrad-Zeremonie heute viel zu tun haben würde. Er war auch gleichzeitig der Hüter dieses heiligen Ortes, dem Steinkreis, dessen Deutung und Nutzung seit Jahrhunderten von Generation zu Generation weitergegeben wurde. Er schwang sich auf Thunderbird und machte sich leise singend auf den Weg.

Steve Miller erwachte fluchend. Sein Kopf dröhnte, der Fernseher lief noch und er war mal wieder auf dem Sofa eingeschlafen. Er brauchte eine ganze Weile, um sich zu orientieren, aber dann fiel ihm ein, dass Sonntag war, den er einerseits hasste, weil es der leerste und überflüssigste Tag der Woche war, andererseits entkrampfte sich sein Magen bei der Vorstellung, nicht ins Büro zu müssen. Er warf einen Blick auf die Wodka-Flasche, die gestern noch voll gewesen war und richtete sich stöhnend auf. Wann hatte er das alles getrunken? Er konnte sich nicht erinnern.

Running Bear machte Halt auf einem Hochplateau, von dem aus man einen überwältigenden Blick über die Landschaft hatte. Kondore zogen ihre Kreise am Himmel und um diese Zeit waren die Berge in magisches Rot getaucht. Running

Bear neigte den Kopf und bedankte sich bei Vater Sonne und Wabun, der Hüterin der Kraft des Feuers. Im Medizinrad gehört ihr der 10. Stein, sie wird dem Osten und dem Morgengrauen/Neuanfang zugeordnet. Seit er denken konnte, hatte sein Vater jeden Morgen mit ihm den neuen Tag willkommen geheißen und so tat er es nun mit seiner kleinen Tochter. Oft ritten sie gemeinsam hier hoch, sie vor ihm auf Thunderbird und erwarteten das erste Tageslicht. Ihre helle Stimme, wenn sie jeden Käfer, jeden Baum, einfach jedes Wesen auf ihrem Weg begrüßte, ließ sein Herz ganz groß und voll werden.

Steve fuhr mit dem Fahrstuhl in die Tiefgarage und entriegelte mit der Fernsteuerung sein Auto und ließ das Verdeck automatisch zusammenklappen und im Heck verschwinden. Das Einzige, was er dem guten Wetter abgewinnen konnte, war das Cabrio fahren. Mit quietschenden Reifen fuhr er auf die Straße, jagte den Motor hoch, wechselte drei Spuren auf einmal ohne zu blinken und kehrte dem Zentrum den Rücken. Nach einer halben Stunde war er auf dem Highway und weit und breit kein anderer, sonntags um diese Uhrzeit kein Wunder. Er raste dahin und hätte fast den Abzweiger verpasst, wie eigentlich jedes Mal. Das Schild war einfach zu klein - oder er zu schnell. „Reservat" stand da und „zum Hochplateau/Aussichtspunkt". Da wollte er hin. Am Parkplatz angekommen, stieg er voll auf die Bremse, dass der Kies spritze und Staubwolken ihm kurz jede Sicht nahmen.

Running Bear umschritt mehrere Male den Kreis aus Menschen, in deren Mitte der Steinkreis lag. Ungefähr 20 Meter Durchmesser hatte dieses jahrhundertealte Medizinrad und bestand aus 36 Steinen, einem Rad mit vier Speichen und einer Nabe gleich. In der Mitte, der große Stein stand für die Schöpfung, die Steine direkt drum rum für Mutter Erde, Vater Sonne, Großmutter Mond und die vier Elemente, vertreten durch den Schildkröten(Erde)-, Frosch(Wasser)-, Donnervogel(Feuer)- und Schmetterlings(Luft)-Clan. Die Steine der Speichen stehen für Entwicklungspfade wie Weisheit, Reinheit, Erneuerung und einiges mehr. Außen die Steine des Kreises stellten die vier großen Hüter der Himmelsrichtungen und die 12 Tiertotems dar. Jeder im Stamm wusste, welchem Tiertotem er zugeordnet war, kannte damit seine Stärken und Aufgaben, seinen Platz in der Gruppe und war wichtig und unwichtig zugleich. Mit einem lauten Ruf und seiner Rassel eröffnete er die Zeremonie. Sogleich erklang aus bestimmt hundert Kehlen der Einweihungs-Gesang, der die Geister rief und den magischen Kreis entstehen ließ. Das Fest für Mutter Erde hatte begonnen.

Steve Miller klopfte sich den Staub von der Hose, eher mechanisch und ging zum Geländer des Plateaus, das Touristen vor dem Abstürzen bewahren sollte, denn es ging steil mehrere hundert Meter tief. Als Kind war er oft mit seinen Eltern hier gewesen, er hatte diese Sonntagsausflüge geliebt. Aber das war, bevor sie ihn ins Internat gebracht hatten. Da hatte eigentlich sein Leben aufgehört. Steve sah auf die Landschaft, auf die Berge in der Ferne und sah sie doch nicht. Die Augen leer ins Weite gerichtet, hob er erst ein Bein über das Geländer, dann das andere. Und sprang.

Suche Zuflucht in Dir selbst, wenn Du anderen helfen willst. Alle lebendigen Kräfte des Universums treffen sich im Herzen des Menschen. (Indianisches Sprichwort)

Epilog

Wann hatte das begonnen? Wann ist Running Bear zu Steve Miller geworden? Was, wenn Running Bear = Steve Miller IST? Wann war der Moment, als er angefangen hat zu vergessen? Die Orientierung zu verlieren? Die Verbindung zu sich und allem was ist?
So sehr Running Bear unser Herz berührt, so sehr erschreckt uns Steve Miller...
- und doch ist uns Steve näher und vertrauter als uns lieb ist.
Aber vielleicht ist Running Bear auch die ZUKUNFT von Steve Miller. Dann schließt sich der Kreis wieder und die Geschichte liest sich ganz anders.
Vielleicht gibt es ein Happy End.
Lassen wir das Medizinrad sich wieder drehen!

Tod und Sterben aus schamanischer Sicht

An nichts zu glauben ist so, wie keine Flügel zu haben. Die Seele sitzt in einem goldenen Käfig mit offener Tür und kann nicht abheben, kann sich nicht ausdehnen und verhungert geradezu vor vollen goldenen Schüsseln. Seele möchte frei sein, fliegen, ganz weit weg, um wieder heimzukehren. Seele braucht das als Nahrung wie der Körper das Essen.

Wenn wir uns reduzieren auf unsere kleine alltägliche Welt, gefangen zwischen Abwasch, Arbeit und Fernseher, definiert über Titel, Leistung, Dogmen und glatter Oberfläche, behandelt von einer Medizin, die nur das Symptom herausschneidet und den Schmerz betäubt, ohne zu fragen, warum Seele denn weint, schrumpfen die Seelenflügel, mit denen wir alle geboren wurden zu kleinen nutzlosen Stumpfen und wir hüpfen am Boden rum und rudern mit den Armen, schlagen um uns und haben vergessen, was uns fehlt.

Von dem Moment an, wenn wir geboren werden, fangen wir schon an zu sterben. Und während dieses einen kleinen Lebens sterben wir viele Male. Wir empfinden das nicht mehr bewusst, da wir Zyklen nicht mehr zelebrieren. Vor lauter Geschäftigkeit verpassen wir unsere eigenen kleinen Tode und Auferstehungen.

In alten Naturreligionen stirbt jeder Tag für die Nacht, jede Jahreszeit für die nächste, die Kindheit für die Jugend... einfach jeder Zyklus, um immer wieder einem neuen Platz zu machen. Es wird ehrfürchtig das Alte verabschiedet und ekstatisch das Neue begrüßt. Das schafft Ruhephasen genauso wie Vorfreude auf das, was kommt. Die Stille, die Nacht, der Schatten sind Teil des Ganzen und werden nicht negiert und wegrationalisiert.

Sterben heißt Leben

Schamanen kennen verschiedene Formen, das Sterben zu üben. Sie tun dies auf verschiedenen Ebenen. Ganz praktisch und physisch kann das ein Sprung von einer hohen Klippe sein. Natürlich denken wir, dass das keiner überleben kann, aber das geht. Was für uns Europäer an Wunder grenzt, ist uralte schamanische Praxis der totalen Selbstaufgabe und Dematerialisierung, eine jahrelange intensivste-quantenphysische Vorbereitung, von der wir rein theoretisch wissen, dass es funktionieren kann, aber uns mit Sicherheit die Zweifel und die Angst scheitern lassen würden. Denn zögern darf man nicht, keine Sekunde. Das ist also für uns nicht empfehlenswert, wenn wir nicht vorzeitig die Seiten wechseln wollen. Auch ein Erschießungsritual, bei dem sich zeigt, wer ein guter Schamane ist, gute Kontakte zu seinen Spirits hat und fähig ist, sich selbst zurückzuholen, fällt für uns eher aus. Da muss der Glauben schon sehr stark sein.

Aus dem afrikanischen Schamanismus gibt es Geschichten über das Springen durch ein von mehreren Leuten gehaltene Tierhaut wie ein Trampolin. Diese Haut dient als Tor in eine andere Dimension. Nur ein guter Schamane war dann weg (ein schlechter saß vermutlich verdattert auf seinem Hosenboden und hatte die Karriere als Schamane verwirkt). Erstaunlicherweise – zumindest für unser reduziertes Vorstellungsvermögen – war das Wegkommen für die meisten Schamanenschüler nicht das Problem, sondern das Zurückfinden in unsere Dimension und keiner weiß, was aus denen geworden ist, die nicht mehr wiederkamen. Für uns mutet das an wie der 9 ¾ Bahnsteig bei Harry Potter oder Szenen aus „Die Fliege“ (wer das noch kennt...).

Schamanen taten und tun dies alles nicht, weil sie lebensmüde sind oder um sich zu opfern, sondern es dient dem Seelenwachstum, der Häutung, also dem Abstreifen von altem Ballast und vor allem der Initiierung: Es ist ein Meisterweg. Es verändert grundlegend die Sicht auf Leben und Tod, denn erst wer das Sterben versteht, versteht das Leben. Oft waren es die beschriebenen Mutproben bzw. Selektierung fähiger von unfähigen Schamanen, denn nicht jeder eignet sich zum Wandler zwischen den Welten. Vielleicht wollte deswegen nicht jeder schnell mal Schamane werden, denn das überlegt man sich schon gut, ob man dem wirklich gewachsen ist...

Alltagstauglicher

...geht es auch. Da wir viele alte Bräuche und Rituale so nicht praktizieren können, schon schlichtweg, weil uns hier in der Stadt die Natur dazu fehlt, das Wissen sowieso genauso wie das jahrelange Training (um uns nicht in Lebensgefahr zu bringen) und nebenbei der Glaube an andere Dimensionen oder Welten, so können wir doch eine Ahnung davon bekommen, indem wir uns auf die innere Reise begeben. In schamanischer Tradition, begleitet durch monotones Trommeln, kommt man, wenn der Kopf es zulässt, recht einfach in einen leichten Trancezustand und auch dort kann man das Sterben üben. Es nennt sich Zerstückelungserlebnis. Das ist im Erleben nicht so schlimm wie es erst mal klingt, denn das Zerstückelt werden, um das man seine geistigen Helfer bittet (auch hier ist der Glaube an helfende Wesenheiten durchaus nützlich), findet rein auf der nicht-physischen Ebene statt, aber es erfordert dennoch Mut. Wenn ich es in meinen Gruppen vorschlage, kann ich immer an den leicht entsetzten Gesichtern sehen, wer davon das erste Mal überhaupt hört. Denn der erste Reflex ist natürlich immer, sich zu schützen und sich nicht auch noch freiwillig einer vermeintlichen Gefahr auszusetzen – weder physisch noch seelisch. In Wirklichkeit ist es aber ein Geschenk und eine Gnade, das zu erfahren und erleben zu dürfen.

Man bittet also seine Krafttiere und Lehrer um eine Zerstückelung während einer schamanischen Reise und Du kannst sicher sein, die wissen sofort, worum es geht. Wenn es ein guter Zeitpunkt dafür ist, wird auch gleich damit begonnen. Wenn dem nicht so ist, kommst Du unter Umständen unverrichteter Dinge zurück. Nicht wir bestimmen den richtigen Zeitpunkt, sondern die Spirits. Wenn es aber soweit ist, kann die Zerstückelung auf vielen verschiedenen

Wegen passieren, manche werden gefressen, andere gekocht, zersägt oder verbrannt – Ziel ist immer, die komplette Auflösung der sichtbaren Existenz, des Köpers, den man auf der Reise meist so sieht, wie er physisch auch existiert. Was übrig bleibt, ist ein pures Sein und viele sehen sich selbst als Lichtpunkt, der der Zerstückelung unversehrt zuschaut. Ich empfinde diesen Zustand immer als ungemein angenehm, erleichternd und glückselig. Vielleicht, weil es dem Urzustand von Seele nahekommt – ungebunden und frei, nicht begrenzt durch einen Körper, der in ein Flugzeug steigen muss, um fliegen zu können, der Stunden braucht um von A nach B zu kommen... Am Ende der Reise bekommt man sich bzw. seinen Körper zurück, allerdings wie erneuert. Man kann es vielleicht vergleichen mit der Wartung eines Fahrzeugs: Verschleißteile wurden ausgewechselt, Blockaden im Motor gelöst, das Getriebe geölt, vielleicht sogar die Leistung erhöht, je nachdem, was dran war und auch angemessen an dem, dem wir gewachsen sind.

Jedes Zerstückelungserlebnis ist ein kleiner inszenierter Tod und gleichzeitig eine Initiierung, vor allem ins Leben. Mit jedem Mal, das man das erleben darf, schwindet ein Stück der Angst vor dem großen Tod, die Berührungsängste werden kleiner, man schließt sogar Freundschaft. Und das Erstaunliche ist: Die Flügel wachsen wieder. Den Tod zu negieren, ist eine Beschneidung des Lebens, denn er gehört zur Familie, er ist der zweite Flügel. Und DANN können wir unsere Schwingen ausbreiten und uns erheben.

Das Medizinrad. Teil II

Steve Miller drehte sich in seinem Rollstuhl um die eigene Achse um an die Fernbedienung des Fernsehers zu kommen. Das klappte inzwischen ganz gut. Erst vor drei Wochen war er aus dem Koma erwacht und die letzten Tage hatte er begriffen, was aus ihm geworden war. Er dachte, er hätte sich vom Leben verabschiedet, damals als er von der Klippe gesprungen war, aber das Leben hatte ihm einen Strich durch die Rechnung gemacht und ihn nicht gehen lassen. Ein Felsvorsprung hatte seinen Körper nach vier Metern jäh abgebremst und aufgefangen. Sein Gehirn war intakt, er konnte sich an alles erinnern, leider. Nur seine Beine, die gehorchten ihm nun nicht mehr.

Running Bear betrachtet ernst sein Pferd Thunderbird, er lahmte hinten rechts und ließ den Kopf hängen. Es schien, als wenn das Licht in seinen schönen Augen erloschen war und Running Bear wusste, was das bedeutete. Leise sprach er Gebete zur großen Mutter und schien damit sowohl sich selbst als auch das Pferd zu beruhigen. Er dachte nicht darüber nach, was zu tun war, er wusste es und er wusste auch, dass es gut war. Wenn es Zeit war zu gehen, war es Zeit zu gehen. Als Leiter der Medizinrad-Zeremonien hatte er schon viele Seelen über die Schwelle begleitet. Viele seiner Ahnen, auch seinen Vater waren nun dort und doch immer bei ihm.

Steve wurde von einem Krankentransport zur Physiotherapie abgeholt (die seiner Meinung überflüssig und sinnlos war), nur um dort die junge hübsche Therapeutin zu terrorisieren. Er war zutiefst verbittert, er fühlte sich von Schicksal bestraft und alle um ihn rum bekamen das zu spüren. „Alle um ihn rum" belief sich sowieso nur noch auf Fachpersonal, das ihn dank seiner guten Krankenversicherung versorgte. Freunde hatte er nur auf den ausschweifenden Partys gehabt, davon war natürlich weit und breit keiner mehr zu sehen.

Running Bear ging zu der Frau, die für uns übersetzt „Die, die die Götter ansingt" hieß und erzählte ihr, wie es um Thunderbird stand. Viel erklären musste er nicht und auch sie sagte nicht viel, außer „Wann?", worauf er einen Moment in den Himmel schaute und aussah, als würde er lauschen, dann sagte er: „Morgen, wenn der volle Mond aufgeht." Sie lächelte und nickte. Zum Abschied neigte er den Kopf und legte seine Stirn an ihre. Er wurde ganz ruhig.

Steve hatte es mal wieder geschafft, dass die Physiotherapeutin mit hochrotem Kopf und Tränen in den Augen, teils aus Wut, teils aus tiefer Verletzung, den Raum verlassen hatte. Steve schnaubte verächtlich, ließ sich wortlos nach Hause karren und von einem Pfleger, der aussah wie ein Schrank aufs Sofa legen. Er konnte kaum zugeben, wie anstrengend sein neues Leben, das er nicht wollte, für ihn war. Er schlief fast sofort ein. Und hatte einen Traum. Ein Gesicht sah ihn lange unverwandt an und sagte dann: „Entscheide Dich!" Entsetzt fuhr er hoch.

Running Bear und die Frau, die die Götter ansingt, hatten alles vorbereitet und alle waren da. Alle Menschen seines Stammes hatten sich um das Medizinrad versammelt, summten einen bestimmten Ton und die Luft schien zu vibrieren. Es schaffte die Einheit zwischen allem, was ist und öffnete die Tore, durch die Thunderbird gleich gehen durfte. Das Pferd selbst stand im Kreis an einem bestimmten Stein, der ihm zugeordnet war. Nach wenigen Momenten des Summens, knickte es die Knie ein und legte sich mit einem großen Seufzer hin, so als schien eine große Erleichterung durch den ganzen großen Körper zu gehen. Er war bereit, er wollte gehen.

Steve hatte nun öfter diesen Traum, immer den gleichen. Leider schlief er auch sehr viel, mehrere Male am Tag für ein bis zwei Stunden und jedes Mal passierte „es“: Ein Indianer sah ihn durchdringend an und sagte: „Entscheide Dich!“ und er fuhr schweißgebadet und entsetzt hoch. Er war schon ganz erschöpft davon und es machte ihn mürbe. Immerhin führte es dazu, dass er zu müde war, den Pfleger zu beschimpfen und manchmal sagte er sogar Bitte. Oder Danke. Einmal ging sein Traum weiter. Steve fragte den Indianer wütend, wer er sei und er antwortet wieder nach einem langen unbehaglichen Blick: „Das spielt keine Rolle. Vielleicht bin ich Du, manche nennen mich Running Bear, aber das ist nur ein Name.“

Running Bear kniete neben seinem Gefährten Thunderbird und als dieser langsam zur Seite rollte, kam der Kopf des Pferdes auf seinen Knien zum liegen und Running Bear umfasste ihn mit beiden Händen. Das Summen war inzwischen in ein hundertfaches Murmeln angeschwollen und Trommeln klangen leise im Hintergrund, als die Frau, die die Götter ansingt, zu singen begann. Erst leise, dann immer lauter klang ihre wunderbare helle Stimme in die sternenklare Nacht. Es öffnete die Herzen aller und auch der Himmel tat sich auf. Thunderbird atmete noch einmal tief durch und ein Beben ging durch das ganze Pferd, dann war es still. Und es war gut.

**„Am Ende wird alles gut. Wenn es nicht gut wird,
ist es noch nicht das Ende.“ (Oscar Wilde)**

Wir haben die Wahl. Wir haben vergessen, dass sich Mensch und Tier einst sogar zum Sterben entscheiden konnten. Wir haben vergessen, wie man Seelen geleitet. Und wir haben vergessen, uns für das Leben zu entscheiden. So sterben manche von uns schon lange vor ihrem Tod. Aber wir können das ändern.

Ein paar Schlussworte

Schamanismus ist ein weites Feld und das, was ich da bereite, ist ein winziges Puzzleteil. Schamanismus ist nicht nur schamanisch Reisen oder Ayahuasca+Co., aber es ist auch nicht möglich und nicht mein Anspruch ein „vollständiges“ Buch zu schreiben. Soll ja noch was übrig bleiben fürs nächste...

Es gibt so unendlich viele verschiedene Kulturen, Rituale und Werkzeuge und besser ich gebe einen kleinen Einblick in etwas, das mir liegt, als über ein breit gefächertes Feld, für das ich erst mal im großen weiten Netz recherchieren müsste, das kannst Du genauso gut. Ich schätze Rituale wie Feuerlauf, Schwitzhütten, Tanz- und Räucherrituale, Cacao-Zeremonien usw., usw., aber ich habe kein Fachwissen darüber. Wichtig ist mir zu zeigen, durch meine Arbeit, aber auch durch mich als lebendes Beispiel, dass es durchaus möglich ist, in beiden Welten zu Hause zu sein, dass man hier Spaß haben, auch mal dummes Zeug reden und Fehler machen darf und es sich wunderbar mit Spiritualität vereinbaren lässt. Spirituell und esoterisch unterwegs sein, muss nicht heißen, dass man seltsam, asketisch, weltfremd und humorbefreit sein muss. Es geht um die Balance. Es ist genau so wenig gesund, sich nur der weltlichen materiellen Welt zu widmen und alles andere zu negieren oder gar zu verhöhnen, wie es ungesund ist, sich allem weltlichen zu entsagen. Unsere Seele ist auf dieser Erde inkarniert um menschliche, stoffliche Erfahrungen zu sammeln. Erleuchtet durch die Gegend schweben können wir hinterher immer noch.

Ich bin sehr dankbar, dass mir Menschen, die zum Teil sehr verletzt wurden, so viel Vertrauen schenken und ich durfte spüren, wie machtvoll Dankbarkeit ist, wie sehr es mich tankt, wenn Klienten mir dieses Gefühl entgegenbringen, wenn wir etwas bewegen und zurück in die Ordnung bringen konnten.

Viele meiner Klienten sind Frauen. Viele dieser Frauen sind missbraucht worden, sicher auch, weil ich das aufgrund meiner eigenen Geschichte anziehe, aber auch vor allem deswegen, weil immer noch jede dritte(?) Frau ungefähr missbraucht wird. Da geht es nicht nur um sexuellen Missbrauch, es geht um emotionalen, um verbalen und energetischen Missbrauch. Für Seele kann die Verletzung auf allen Ebenen verheerend sein.

Da sind auch viele Frauen dabei, gelegentlich auch Männer die durch die Umstände, in denen sie aufgewachsen sind, nie in ihre Kraft kommen durften, gehirngewaschen und angepasst. Zum Beispiel auch Geschichten von Menschen, die zu Ost- Zeiten sehr früh in Tages- oder Wochenheimen ihre in erste Lebenszeit geprägt und sehr verlassen waren. Dadurch, dass ich mitten in Berlin arbeite, habe ich lange immer wieder erstaunt die Unterschiede der Seelenverletzungen durch die zwei neben einander existierenden Systeme beobachtet. Erst jetzt bei den jüngeren Menschen, die zu mir kommen, ist es nicht mehr so deutlich zu merken. Der Leistungsdruck in der Schule, die Erwartungshaltungen der Eltern. Viele von uns wurden aus den verschiedensten Gründen einfach nicht gesehen, so wie wir gemeint sind und nicht selten zu wenig geliebt, machen Jobs, in denen sie nicht glücklich sind und denken, das ist normal. Das ist unser größtes Defizit. Als wäre normal sein eine Lösung!

Viele dieser Menschen haben gelernt sich innerlich weg zu beamen, das hat vielen von uns das Leben gerettet, aber es bedeutet auch oft, dass viele bis heute gar nicht ganz anwesend sind, sich nicht mehr spüren und schon gar nicht mehr auf ihrem Bauch hören. Da macht energetisch was mit uns – langfristig oft krank.

Es gab einen japanischen Parawissenschaftler namens Masuru Emoto (2014 gestorben) Er hat Wasserkristalle so vergrößert, dass man erkennen konnte, wie verschiedene Emotionen, Zustände, Orte oder Musik, die Struktur der Kristalle verändern. Damit hat er nachgewiesen, was Energie für eine unglaublichen Einfluss hat, auf uns, die wir zu 80% aus Wasser bestehen. So sieht man auf seinen Vergrößerungsfotos sehr eindrucksvoll, wie wunderschön ein Wasserkristall aussieht, wenn er mit „Liebe“ informiert wurde und wie jämmerlich er aussieht, wenn das Wort „Versager“ oder „Hass“ verwendet wurde. Es reicht, es zu sagen oder zu denken, während man Wasser in der Hand hält oder es in einem Glas auf einen Zettel mit dem jeweiligen Wort stellt. Das reicht schon. Vielleicht kennst Du auch die Experimente, dass man Lebensmittel oder Pflanzen, jeweils zwei gleiche nimmt und das eine jeden Tag lobt und das andere jeden Tag beschimpft. Beschimpfte Lebensmittel werden schneller schlecht und Pflanzen wachsen langsamer und verkümmern wo hingegen gelobte Lebensmittel und Pflanzen über Durchschnitt genießbar bleiben bzw. gedeihen und wachsen. Wenn wir nun darüber nachdenken, was wir tagtäglich mit uns selbst oder unserem Umfeld machen, wie viel wir (gedanklich) wertend unterwegs sind, bzw. wie machtvoll wir sein könn(t)en, wenn wir es einfach mal viel mehr positiv anwenden. Wie oft denkst Du, wenn etwas schiefläuft oder Du etwas vergessen hast: Ach bin ich blöd. Wie dumm von mir. Ich bin aber auch ein Vollhorst. Oder so ähnlich. Genauso, wenn wir draußen unterwegs sind und genervt denken: Kann der Depp nicht aufpassen? Wie kann man nur so rumlaufen/so blöd sein?

Ich habe in meiner Praxis ein Exemplar des Buches mit den Wasserkristall-Fotos von Emoto für Menschen, die sich noch ein bisschen schwertun, sich einzulassen oder auch einfach nur ihre unreflektierte Haltung sich selbst gegenüber zu überdenken. Den meisten fällt das nächste Mal, wenn sie denken „Bin ich blöd“ das Buch mit diesen Fotos ein und sie entschuldigen sich bei sich selbst. Das ist schon mal ein guter Anfang. Es bedarf einiger Ausdauer, die Synapsen im Hirn neu zu verschalten, bis wir wieder fühlen können, was wir uns als neue Affirmationen kreieren, wenn wir es denn tun. Zu verstehen, dass wir nicht Opfer, sondern Schöpfer sind. Dass es keinen Gott oder ein Universum gibt, dass uns strafen oder ärgern will.

Seit Generationen ziehen sich alte Glaubenssätze wie lange Tentakel noch durch unsere Emotional Körper. Es ging für sie die letzten Jahrhunderte um Bescheidenheit, Fleiß und Leistung. An klassische Familienstrukturen wurde nicht gerüttelt und Träume meist nicht gelebt. Heute haben wir zwar viel mehr Auswahl für unser Lebenskonzept, aber neigen trotzdem dazu, es immer noch so zu machen, wie es eben war. Ich denke, wir dürfen es überdenken. Es gibt so viele Formen des Zusammenlebens, es gibt so viele Berufungen, die noch oder neu erfunden werden dürfen. So ist nichts Exotisches daran, in Berlin eine schamanische Naturheilpraxis zu haben. Im Gegenteil, es ist dringend notwendig. Die Stadt ist vielleicht oft zu voll, dreckig und eng, aber der Geist ist hier weit. Es ist genug Platz, es darf alles sein. Städte sind immer die energetischen Brennpunkte, über die dann die neuen Entwicklungen nach außen schwappen und sich verbreiten. Ich habe eine Mission. Ich möchte ein Teil dieser Veränderung sein.

"Falls du glaubst, dass du zu klein bist, um etwas zu bewirken, dann versuch mal zu schlafen, wenn ein Moskito im Zimmer ist."
Dalai Lama 1997

Eine Reise in den Herz-Raum, die Abschlussgeschichte

Aus dem Universum betrachtet ist jedes Leben ein unglaublich spannender Film, Geschichten, die nur das Leben schreiben kann. Es sind Filme, die, wenn sie rauskommen (Mensch geboren wird) in ihrem Drehbuch noch nicht fertig geschrieben sind. Seele reißt sich darum, für jede Rolle mal besetzt zu werden. Wir vergessen das dann nur meist. Dass wir es so wollten und dass wir das Drehbuch jeden Tag umschreiben dürfen. Es ist ja unser ganz persönlicher Film.
Katja Neumann

Die Illusion

Das Licht geht aus, der Vorhang hoch, Knistern in der Luft, leises Murmeln und Lachen – gespannte Stimmung und Vorfreude. Der Vorspann, die Schauspieler, alles sehr vielversprechend. Und alles drin in der Geschichte, ein bisschen Drama oder auch ein bisschen mehr, mindestens eine Liebesgeschichte, nicht immer gesund, Abhängigkeiten, verletzte Egos, Blut fließt oder doch immerhin Tränen, am Schluss liegen sich alle in den Armen und wenn sie nicht gestorben sind, dann sind sie jetzt noch wahnsinnig glücklich. Vorhang fällt, Tränen werden getrocknet, puh, das ging ja noch mal gut aus. So haben wir gelernt, dass es funktioniert, relativ eindimensional, Vorgeschichte, Drama, manchmal Krimi, immer Abspann und am Schluss Happy End. Davor Werbung mit langbeinigen Models, die selbst wünschten, dass sie so aussehen würden, ganz ohne Photoshop.

So. Und dann kommt das echte Leben und hat NICHTS damit zu tun. Warum sagt einem das keiner? Dass es so nicht funktioniert? Dass nicht der Prinz auf dem weißen Pferd (Schimmel) vorbeigeritten kommt und Frau einfach rettet. Oder die Prinzessin auf schwarzen Pferden (Rappen), den armen Mann hinter sich auf den Sattel zieht und in den Sonnenuntergang reitet… wäre zeitgemäß, aber genauso eine Illusion. - Doch, ich finde das ein bisschen lustig. Denn es kommt keiner, der uns rettet.

Zum Ernst des Lebens. Wir nehmen es ja bitter ernst, das Leben. Die Konditionierung suggeriert uns, was wichtig ist. Und der übliche Antrieb dafür von Klein auf ist Angst. Angst vor der Mathearbeit, Angst, in der Schule nicht gemocht zu werden, Angst zu dick zu sein, nicht schön genug, die falsche Markenklamotten anzuhaben, Angst durchzufallen, den Job nicht zu bekommen, Angst, die Eltern zu enttäuschen etc. Also strengen wir uns an, funktionieren so gut und lange es eben geht - oder eben auch bis gar nichts mehr geht, bis zum Totalausfall und wir zusammenklappen. Wir vergessen dabei völlig uns selbst, dass wir hier sind, weil wir es so wollten, in einer multidimensionalen Welt, die so viel mehr ist als Karriere, Eigenheim und Idealgewicht. Wir sind Seelen, die Körper bewohnen und nicht Körper sind mit ein bisschen Seele drin, die vor allem nach außen schick aussehen müssen Alleine schon unsere Anwesenheit auf diesem schönen Planeten ist die Daseinsberechtigung an sich! Wir müssen nicht beweisen, dass wir hier Luft weg atmen dürfen, wir müssen uns unser Glück nicht „verdienen".

Die andere Wahrheit

In den alten schamanischen Völkern auf der ganzen Welt, ist jemand, der nicht funktioniert - also vielleicht sogar überhaupt gar nicht - und so ganz anders ist als alle anderen, nicht automatisch ein Verlierer oder Spinner, bekommt keine psychologischen Stempel wie Bipolar, Borderline oder ADHS etc. und wird nicht ausgesondert, medikamentös „eingestellt" und gebrandmarkt. Im Gegenteil, sogenannte Makel, die wir hier als solche überhaupt erst so benannt und als gültige Wahrheit deklariert haben, werden immer ernst genommen als Zeichen der Spirits. Da die Schamanen, Heiler und Medizinmenschen auf Zeichen, die Geister und auf Seele hören, wird ein Mensch mit besonderen Symptomen immer in die Mitte der Gemeinschaft genommen und oft wird erkannt, dass er nur darunter leidet, dass er besondere Fähigkeiten besitzt, die Geister mit ihm sprechen wollen, er aber noch nicht gelernt hat, damit umzugehen. Also wird ihm geholfen, das zu lernen, er bekommt eine Ausbildung als Heiler, Seher, Schamane – was auch immer angezeigt ist von den Spirits - geht in die Lehre und darf erfahren, dass das, was er kann, etwas Besonderes ist und den Menschen dienen kann, genauer, sogar muss. Die Gabe nicht zu leben, könnte Krankheit, Wahnsinn oder sogar den Tod bedeuten. Es entsteht also auch eine Verpflichtung den Geistern und der Gemeinschaft gegenüber und es wird nicht nur das Ego gefüttert. Diese Verantwortung ist heilig und wird sehr ernst genommen.

Darin steckt sehr viel Schönes. Zum einen wird Mensch mit seinem vermeintlichen Dilemma nicht alleine gelassen, sondern in seiner Besonderheit gefördert, zum anderen zeigt es, dass man auf die gleiche Situation- ein Mensch „funktioniert" nicht - aus zwei sehr verschiedenen Sichtweisen etwas völlig anderes machen kann. Die westliche Welt sondert aus und sperrt weg, die alten Indigenen geben dem Rohdiamanten den Schliff, den er braucht zum Leuchten. Und wird so ein wertvoller Bestandteil des großen Ganzen.

Reise in Dein Herz, Deine Wahrheit

Wir tragen diese Weisheit, diesen Rohdiamanten genauso in uns wie ein Indigener in den Anden oder Tibet. Seele verlernt das nicht, die Weisheit und Schönheit ist nur meist begraben unter Schichten von Glaubenssätzen, Konditionierungen und Ängsten. Um uns selbst wieder zu fühlen, herauszufinden, wer wir wirklich sind hinter all dem, was die Dressur (das meine ich sehr ernst, dieses Wort) aus uns gemacht hat, braucht es neben etwas Übung (Gewohnheitstier!) und Zeit, vor allem endlich wieder den Blick nach innen.

Eine schöne Übung bzw. schamanische Reise, die ich gern mache (abends im Bett und auch in meinen „Reisegruppen") ist die ins eigene Herz. Ob man das jetzt Meditation oder Reise nennt, in Stille macht oder mit Trance Trommel begleitet, ist dabei einerlei, wichtiger ist die Regelmäßigkeit, denn es dauert ganz neurobiologisch gesprochen, ca. zwei-drei Monate, bis wir unsere Synapsen neu verschaltet haben, also die alten inneren Kinoprogramme auf Seelenfestplatte geupdatet haben und somit nicht immer den gleichen Film in Dauerschleife gucken müssen. Wir sind Gewohnheitstiere, auch in unseren Dramen und Ängsten.

Ich gehe dabei ganz bewusst mental aus meinem Kopf raus, so als wenn eine kleine Katja die eben da oben im Hirnkämmerchen sitzt und alles zerdenkt, aufsteht, die Wendeltreppe durch den Hals bis zum Herzen geht, oft mit unbequemen dunklen Klamotten, schweren Schuhen und allerlei Gepäck. Am Herzen angekommen, öffnet sich das erste Tor zur Vorkammer, die bei mir aussieht wie der Duschraum in einem schönen Spa Bereich, denn erst mal ist die Reinigung dran, so beladen und verschmutzt sollte man sein Herz genauso wenig betreten wie eine Sauna. Alles wird abgelegt und abgestreift, Lichtduschen waschen innen wie außen dunkle Gedanken, Ängste und Fremdenergien ab. Ich sehe gerne zu, wie die dreckige Brühe in den Abfluss läuft, freue mich über den Ballast, der gehen darf und die Leichtigkeit, die bleibt. Dann werde ich hergerichtet wie eine griechische Königin, ein schönes fließendes weißes Gewand mit Goldschnalle, ein Diadem mit einem leuchtenden Stein, der genau auf meinem dritten Auge sitzt und eingehüllt in heilige Düfte darf ich dann vor das Haupttor treten, dass sich ganz von selbst öffnet, sofern die Frequenz stimmt. Es ist nicht schlimm, wenn man mit Trauer kommt oder innerer Not, aber die Energie sollte rein sein und bedingungslos. Was sich mir dann zeigt, ist mein ganz persönliches Kino, mein Herz Raum gleicht einem Tempel voller Natur, Wasserfälle und Tieren, mit viel Moos auf dem Boden und einem Feuer in der Mitte, Liegeoasen an den Rändern, wie Höhlen voller Kissen und Decken immer mit einer Öffnung nach oben, dass man in den (Sternen)Himmel sehen kann. Es gibt große bogenförmige Fenster ohne Glasscheiben aber mit leichten wehenden weißen Vorhängen und einem weiten Blick in eine atemberaubende und heile Natur. Und immer wieder Tiere. Grasende Rehe, Schmetterlinge... und natürlich meine Krafttiere, die sich nach und nach zu mir gesellen. Und ich gestalte, wie ich es brauche. Manchmal ist das Feuer in der Mitte am Anfang sehr klein, dann braucht es mehr Zuwendung oder ich rufe meine Ahnen und/oder Herzmenschen herein. Es kann auch sein, dass jemand anwesend ist, den ich da gerade gar nicht haben möchte, dann bitte ich ihn zu gehen. Bis alles stimmt, bis alles so ist, wie ich es brauche, um in meiner in diesem Moment höchstmöglichen (göttlichen/universellen) Ordnung zu sein. Den Frieden und die Dankbarkeit so lange wie möglich zu genießen, zu verweilen, ist die Kunst. Nicht gleich weiterhuschen, wenn alles getan ist, sondern die Schönheit aushalten, verinnerlichen, wirklich wirklich tief drinnen spüren.

Unser Hirn unterscheidet nicht - kann nicht unterscheiden (!) - ob wir uns gerade wohl oder gar glücklich fühlen, weil etwas draußen in der alltäglichen Wirklichkeit passiert oder ob es nur in uns passiert, eine nicht-alltägliche Erfahrung ist.

„Unsere Energie folgt den Gedanken, also sieh zu, dass Deine Gedanken da sind, wo Du sein möchtest."

Dein Herz Raum darf dabei so aussehen, wie Du das möchtest, nichts ist schöner als kreativ aus dem Vollen zu schöpfen und Deine innere Wirklichkeit zu malen. Solltest Du noch kein Krafttier haben, frag danach, ob sich eins zeigen mag. Sie wohnen quasi in unserem Herz Raum, sind immer bei uns, wenn wir das möchten. Wir tragen sie in unserem Herzen. Wenn Du Fragen hast an Verstorbene, an innere Lehrer, an Deine Seele, dann stelle sie dort. Wenn etwas anfangs nicht so aussieht und nicht genug Schönheit anwesend ist, dann ändere es. Wo soll sie denn sonst anfangen, wenn nicht in Dir? Jedem Film liegt ein Drehbuch zugrunde und in Deinem Film sollte Dir keiner mehr reinreden dürfen, weder über Kulisse oder gar Handlung. Das haben wir lange genug zugelassen.

Es gibt diese Tiefs und Stimmungen, da hilft kein schlauer Ratschlag, da ist das Loch schon da und die Schnappatmung verhindert jeden heilsamen Gedanken und auch innere Reisen sind nicht mehr möglich...wer kennt das nicht?

Dann sing! Bitte. Ganz biologisch kann das Angst Zentrum nicht funktionieren, wenn man singt. Es ist dann ausgeschaltet. Also egal was, aber sing.

Printed by Books on Demand GmbH, Norderstedt / Germany